INICIACIÓN DEPORTIVA

Ciencia del Entrenamiento

Nivel 1

**EDITORIAL
PRO
ACTIVO**

Iniciación Deportiva: Ciencia del Entrenamiento (Nivel 1)
© Carlos Alfonso Guzmán Colón, 2017
© Editorial PROactivo, 2017
©Departamento de Recreación y Deportes, 2017

ISBN-13: 978-1544740195
ISBN-10: 1544740190

Editora: Teresa Galarza Meléndez
Diseño y Producción: ZOOMideal
Director de Arte y Diseñador: Juan Carlos Torres Cartagena
Director de Producción: Arturo Morales Ramos

Impreso: Estados Unidos

calguzmanco@gmail.com / www.PROactivoPR.com

Contenido

Nivel 1

Reseña del Autor

Carlos Alfonso Guzmán Colón

Posee el grado de Maestría en "Sport Management" otorgado por la Universidad de Lleida en Barcelona (2006) en la especialidad de "Gestión Ejecutiva de Organizaciones Deportivas Olímpicas" del Programa Master Executive Management Olympic Sports (MEMOS) de Solidaridad Olímpica con la tesis **"Sistemas de Pensamiento en la planificación y la gestión de las Federaciones en Puerto Rico".** Tiene otro grado obtenido de Maestría en "Administración de Recreación, Educación Física y Deportes" de la Caribbean University (2007) con la investigación de **"Evaluación del Programa de Municipalización de Instalaciones Recreativas y Deportivas Comunitarias (2001-2006)".**

Diplomado como Especialista en Alto Rendimiento por la Universidad de Castilla La Mancha, España (2006). Certificado por el Comité Olímpico Internacional en Lausanne, Suiza (2007) como Director del Programa de Administración Avanzada en Gestión de Organizaciones Deportivas Olímpicas en Puerto Rico (MOSO).

En el ámbito docente es instructor de cursos para la certificación de entrenadores en metodología del entrenamiento y Atletismo en el Departamento de Recreación y Deportes. Es profesor docente de Metodología de Entrenamiento y Análisis de Rendimiento en la Universidad del Turabo en el programa sub-graduado y graduado. En el Comité Olímpico de Puerto Rico impartió cursos de los programas de Gestión Deportiva de Solidaridad Olímpica como MOSO y tutor de investigación de los estudiantes de Puerto Rico en el Máster de MEMOS (2009-2012).

Entre sus publicaciones (además de sus dos tesis de maestrías) se encuentra ser el co-autor con el Prof. José Luis Vellón de los manuales de Metodología del Entrenamiento I (2003) y Metodología de entrenamiento II (2007), autor del manual de Atletismo Infantil (1997) cinco artículos en revistas de atletismo y una veintena de artículos especiales para los diarios "El Vocero "y "El Nuevo Día". Además, cuenta con la documentación electrónica sobre una treintena de conferencias impartidas en seminarios, talleres y foros de discusión sobre el entrenamiento, la gestión en el deporte y la educación física.

Prefacio

"La ciencia más útil es aquella
cuyo fruto es el más comunicable"

Leonardo Da Vinci

Cada libro tiene su particular historia y éste comienza con el haber sido Manual para los cursos de capacitación de los entrenadores durante los años de 2014 al 2016. Más de 500 entrenadores en Puerto Rico lo han utilizado como texto de lectura y objeto de estudio para el repaso del examen.

Logramos entre otros aspectos favorables, el incrementar la oferta de cursos de Ciencias del Entrenamiento y conseguir el record de una pasantía de 9 entre cada 10 alumnos examinados. Pero también el valor añadido de motivar a padres y líderes en la comunidad para discutir sobre la necesidad de cambios en la cultura en el deporte infantil. Si es cierto que transformar la cultura deportiva es un camino largo y con diversidad de obstáculos, como bien dice el poeta Antonio Machado, 'se hace camino al andar', con ritmo firme y sin pausa continuamos para llegar a la meta de optimizar los beneficios de la práctica deportiva como medio en el desarrollo integral de los niños.

En este contexto del deporte como fenómeno social y la coyuntura para lograr modificar la cultura deportiva, muy poco valdría la Ciencia sino es "fruto comunicable" a los entrenadores. Las Ciencias no son meramente una expresión de conocimientos y fundamentos teóricos para explicar un determinado fenómeno, sino en una integración de la praxis en la realidad cotidiana del deporte infanto-juvenil en Puerto Rico.

Las Ciencias del Entrenamiento tendrían muy poca relevancia social o pertinencia sino es capaz de ayudar a cambiar la cultura en el deporte infantil y maximizar los beneficios del deporte en los niños y jóvenes. La meta de la Editorial Proactivo es, comenzando en el año 2017, convertir el manual de entrenadores en un Libro con su propio diseño y accesible en el mercado al alcance de toda persona interesada en el deporte infantil.

Agradecimientos

Quiero expresar mi gratitud al Departamento de Recreación y Deportes (DRD), en particular al Secretario Ramón Orta y los directivos del Instituto para el Desarrollo Puertorriqueño del Deporte y la Recreación, Oswald Antonetti y Lisette Ortiz, por la confianza delegada en mi persona con este proyecto.

A todos los compañeros del Instituto porque en esta difícil carrera me han ofrecido su apoyo incondicional y la motivación para seguir adelante. En especial a los compañeros Coordinadores Educativos que con profesionalidad organizan los cursos, reproducen los materiales, corrigen las pruebas y esperan pacientemente con bromas el momento del producto final.

A Teresa Galarza que sin su eficiente trabajo de lectora, editora, diseñadora, correctora y coordinadora, no hubiese podido llegar a la meta. Por su paciencia sin límites de adaptarse a los maratónicos cambios de ritmo en la redacción del texto y su constante supervisión durante toda la ruta.

A José Quiñones por recorrer junto conmigo en los tramos más difíciles, como el impartir las lecciones en los cursos pilotos. Sus presentaciones en vivo y a todo color, con sus dinámicas, me dieron una importante retroalimentación para mejorar las lecciones.

A los 95 estudiantes que tomaron los cursos pilotos de Ciencias del Entrenamiento en Mayagüez, San Juan y en el propio Departamento de Recreación y Deportes, durante el semestre de agosto a diciembre de 2013; ya que con ellos todo resultó en un importante laboratorio de control para mejorar la calidad, como de los ajustes necesarios en el texto. Su interacción con la plataforma del curso, como sus comentarios fue un verdadero aliciente de superación.

A la Universidad del Turabo, que con mi posición de profesor docente en los programas de entrenamiento deportivo, en los cursos sub-graduados y graduados, me han permitido un escenario valioso para investigar y exponer mis trabajos. Este Texto no hubiese sido posible sin la conferencia titulada: *"Breves notas sobre el Entrenamiento y competencia infanto-juvenil (1994-2012"* realizada en el Centro de Estudios Olímpicos de la Universidad del Turabo el 23 de marzo de 2012.

Hago constar mi deuda de gratitud con el Dr. Jorge Garófalo, por su constante apoyo a la investigación académica y al profesor Luis Dieppa, por su incondicional amistad, en especial su recordatorio del compromiso con mis 75 libras de cerebro.

Al Prof. José Luis Vellón y al Dr. Ramón Álvarez que me respaldaron para cambiar el concepto de ciencias aplicadas por el de ciencias del entrenamiento. En fin, tienen su cuota de instigación sediciosa. Aunque exentos y relevados de cualquier radicación de cargos por lectores y alumnos en los cursos.

A los compañeros del DRD, que cuando me inicie en el Instituto en la década del 1990 fueron una gran influencia en mi posterior formación profesional. A su director, Sr. Rafael Lind por su paciencia en educarme y encausarme en los trabajos de documentación. Al Dr. Luis Del Río por ser siempre un mentor y colaborador en cada proyecto del entrenamiento deportivo. Al amigo José "Cheo" Barreto por compartir la pasión de las evaluaciones de campo en una verdadera afición, gracias por tu amistad.

A los amigos Arturo Morales y Juan Carlos de ZOOMideal, que en la búsqueda de convertir el Manual en un Libro para el 2017, fueron cruciales en la creación del concepto y diseño de la Editorial PROactivo.

A cada uno de ustedes, mi mayor agradecimiento por ser parte de este Libro de Ciencias del Entrenamiento.

¡MUCHAS GRACIAS!

Introducción

Este libro tiene como propósito ser el texto de lectura y referencia para el curso de Ciencias del Entrenamiento en el Nivel I del Programa de Certificación de Entrenadores del Departamento de Recreación y Deportes. El curso de Ciencias del Entrenamiento se propone ser una guía para la orientación de los conocimientos y competencias básicas del entrenador en la iniciación deportiva. Ya que resulta ser un componente medular junto con la Metodología del Entrenamiento y el Técnico-Práctico de la modalidad deportiva para cumplir con la misión de facilitar un desarrollo integral de los niños en su iniciación deportiva y en el deporte de base.

Concepto

El primer aspecto de la discusión en la elaboración del libro era con su propio título, si debía llamarse Ciencias Aplicadas o Ciencias del Entrenamiento. Un debate por demás interesante con una clara distinción conceptual sobre las Ciencias Aplicadas que enfatizan en la influencia de las ciencias básicas (motricidad, pedagogía, fisiología, biomecánica y medicina deportiva) en el entrenamiento deportivo y el de las Ciencias del Entrenamiento con mayor énfasis en la práctica y la enseñanza deportiva.

Su planteamiento medular es el hecho de explicar el posicionamiento de las ciencias del entrenamiento como el lugar entre la práctica deportiva y el de las ciencias básicas. Aquí es donde radica la diferencia fundamental con las ciencias aplicadas, porque los contenidos se orientan hacia las ciencias básicas sin una orientación expresa y necesaria con la práctica deportiva. Esto significa que se necesita un filtro de las ciencias básicas del entrenador para ser utilizados en la práctica deportiva. Y en las ciencias del entrenamiento, se hace el proceso de una manera invertida al pensar en cómo se aplica las ciencias directamente al entrenamiento desde su praxis.

Estructura

En cada lección se hace un resumen de sus contenidos, se enumeran los objetivos y se proveen ejercicios de auto-evaluación para la reflexión individual como la dinámica de la discusión grupal.

Tener las respuestas de cada uno de los ejercicios de auto-evaluación les provee apoyo para la preparación hacia el examen y de comprender los contenidos más relevantes en su función de entrenador en el deporte infantil.

Para Hohmann, Lames & Letzeier (2005) el concepto de Ciencias del Entrenamiento son conjunto de hipótesis y principios relevantes:

- Comprenden el *conjunto de hipótesis* científicamente comprobadas con respecto al entrenamiento, la capacidad de rendimiento y la competición.

- La enseñanza del entrenamiento representa el repertorio de *principios relevantes* para la acción que se alimentan de diferentes fuentes como las investigaciones científicas o la experiencia.

Las ciencias del entrenamiento deben cumplir con tres requisitos fundamentales: ser integradora, empírica y aplicada.

- **Integradora**: posicionamiento entre la práctica del entrenamiento y las ciencias básicas.

- **Empírica**: Adquiere sus conocimientos por medio de la experiencia, tiene lugar en la realidad y puede observarse o valorarse con el entrenamiento.

- **Aplicada**: se ha desarrollado desde la práctica que incluye cuestiones planteadas y ofrece soluciones.

En fin, las ciencias no son meramente un conocimiento teórico, sino la confirmación de su eficacia en la práctica deportiva.

Contenido

La selección de los contenidos temáticos para el libro estuvo basado en el Modelo del Programa de Certificación de Entrenadores de Canadá (1988) correspondientes a la teoría del entrenamiento. Además, se consultaron los contenidos temáticos de Australia y Nueva Zelandia, en sus respectivos programas de capacitación de entrenadores, que resultaron en una valiosa guía y orientación en el diseño del libro de Ciencias del Entrenamiento.

Se ha conceptualizado en los contenidos en una justificación de la necesidad de capacitación profesional del entrenador deportivo para lograr modificaciones o adaptaciones en los programas infanto-juveniles y en las mejoras de los procesos de adaptación, aprendizaje y motivación en la planificación de las sesiones de entrenamiento.

Dicho de otro modo, se requiere cambiar la cultura en el deporte infantil por definir la orientación de la práctica deportiva en el deporte de base con énfasis en el juego y aprendizaje más que resultado, con un enfoque filosófico correcto, el proveer un entorno seguro y considerar las implicaciones del crecimiento y desarrollo humano en la infancia para hacer modificaciones necesarias en el entrenamiento y competencias de los niños.

Por otro lado, se requiere mejorar la planificación de las sesiones de entrenamiento en cuanto a la condición física, el aprendizaje técnico y táctico como las destrezas psicopedagógicas del entrenador.

Gráfico 1 Contenidos de Ciencias del Entrenamiento

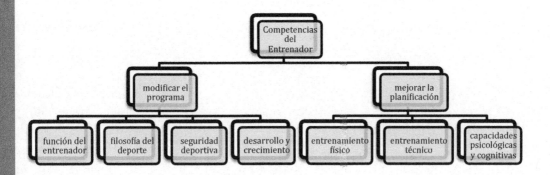

 **Lección 1**

El Entrenador en el Deporte de Base: El propósito de esta lección es que el entrenador comprenda su importancia en el deporte de base. La *orientación de la práctica* deportiva deberá centrarse en el disfrute del juego y el desarrollo de las destrezas, más que en los resultados de las competencias. La capacitación del entrenador exige destrezas de *enseñanza y de motivación* para los niños en el proceso de la formación en el deporte de base.

 **Lección 2**

Filosofía del Entrenador: El propósito de esta lección es comprender el deporte como fenómeno social y la importancia de un enfoque correcto en el desarrollo integral de los niños en la práctica deportiva. La *responsabilidad social* de los entrenadores es promover un estilo de vida activo y la enseñanza de los valores del juego limpio.

 **Lección 3**

Seguridad Deportiva: El propósito de esta lección es reconocer la importancia del entrenador en proveer a los participantes de un *entorno seguro* para el entrenamiento y competencia de los niños. El entrenador deberá elaborar estrategias y programas de prevención para reducir el riesgo de lesiones en la actividad deportiva.

 **Lección 4**

Desarrollo y Crecimiento: El propósito de esta lección es que el entrenador conozca la importancia del crecimiento y desarrollo de los niños en el diseño del programa de entrenamiento deportivo. Para ello el entrenador deberá entender los *principios del crecimiento y desarrollo* de los niños en las diferentes etapas con sus implicaciones en el deporte infanto-juvenil.

 Lección 5

Entrenamiento Físico: El propósito de esta lección es que el entrenador comprenda como crear las condiciones favorables en el entrenamiento óptimo de la condición física de los niños y jóvenes. Para ello deberá entender cómo los *patrones del crecimiento y desarrollo* en los sistemas orgánicos y energéticos orientan los procesos de adaptación y aprendizaje de los participantes en la mejora de la capacidad de rendimiento.

Lección 6

Entrenamiento Técnico: El propósito de esta lección es que el entrenador comprenda como crear las condiciones favorables del entrenamiento óptimo del aprendizaje técnico y táctico de los niños y jóvenes. Para ello deberá entender cómo la maduración del Sistema Nervioso Central y el desarrollo de las capacidades coordinativas favorecen el proceso del *aprendizaje motor*.

Lección 7

Capacidades psicológicas y cognitivas: El propósito de esta lección es que el entrenador comprenda la importancia del desarrollo de las capacidades psicológicas y cognitivas en el entrenamiento deportivo. Para ello deberá entender los aspectos sobre el desarrollo de la *personalidad, el aprendizaje social y la motivación* de los niños con la práctica del deporte.

Lección 1

El Entrenador en el Deporte de Base

CONTENIDO

Lección 1

El Entrenador en el Deporte de Base

Resumen

El propósito de esta lección es que se comprenda la importancia de *la figura del entrenador* en el deporte de base. Por un lado, en la formación de los niños en cuanto a la enseñanza de las destrezas deportivas y por otro con la motivación para sostener una estructura estable de participación, con el fin de prevenir la deserción y el garantizar el desarrollo de las jóvenes con talentos como reservas en el deporte de alta competición. La orientación de la práctica deportiva deberá centrarse en el disfrute del juego y el desarrollo de las destrezas más que en los resultados de las competencias. La capacitación del entrenador en el deporte de base exige destrezas de enseñanza y de motivación para la práctica deportiva. Mientras que la capacitación profesional de los entrenadores requiere de una formación teórica, ejecución de las destrezas y una actividad reflexiva sobre su práctica.

Objetivos

1. Comprender la importancia del entrenador en el deporte de base para la formación de los jugadores en cuanto a la enseñanza y motivación.

2. Conocer la orientación de la práctica deportiva en cuanto al equilibrio del disfrute, enseñanza y competencia en el deporte de base.

3. Identificar las características y funciones del entrenador en el deporte de base.

4. Entender la necesidad de la formación psicopedagógica del entrenador.

5. Analizar los diferentes ámbitos necesarios para la capacitación profesional del entrenador deportivo.

1.1 Introducción

El entrenador es uno de los elementos más importantes de la práctica deportiva de los niños, ya que es la persona con la responsabilidad de guiar el proceso de formación de los jugadores o atletas. En este sentido, Cohen (1998) plantea que el entrenador es la *figura más importante* junto con la familia en la motivación del jugador durante los primeros años de práctica en el deporte.

Este periodo se reconoce en la literatura especializada con la categoría del deporte de base. Es una etapa que comprende desde niños a jóvenes (menores de 20 años de edad) que no han concluido su fase de formación enfocando su trabajo hacia el desarrollo y perfeccionamiento, previo al énfasis en el alto rendimiento y la competición. Esto supone que el deporte de base, además de la formación personal e integral de los jugadores, tenga como misión el sostener la práctica deportiva de su modalidad con la tarea de suplir jóvenes atletas talentosos y aptos para el alto rendimiento.

La misión del entrenador en el deporte de base es contribuir a crear una estructura estable de atletas participantes que se van reduciendo conforme van creciendo y ascendiendo en las distintas categorías juveniles. El gran reto de los entrenadores es reducir esas tasas de abandono o deserción de niños y jóvenes en la práctica del deporte. Pero también el de garantizar las reservas o relevos generacionales de atletas con aptitud y talento por modalidad en el desarrollo deportivo de cada país en las competiciones internacionales.

Por lo tanto, es una necesidad el formar y capacitar profesionalmente a los entrenadores en el deporte de base. Se requiere del entrenador deportivo la capacidad para lograr adaptaciones en los programas deportivos y en las planificaciones de las sesiones de entrenamiento en el deporte infanto-juvenil con el fin de revertir la tendencia del abandono y la deserción. No es suficiente el ser un buen técnico, sino el cómo enseñar las habilidades y las destrezas, al mismo tiempo en mantener el interés de los niños en el deporte.

Las dificultades que atraviesa el entrenador en el deporte de base es la falta de capacitación, como otro profesional de la actividad física y el deporte. Esto implica que el entrenador debe conocer lo que enseña, saberlo enseñar y de forma integral para mejorar sus jugadores en su formación personal durante toda su carrera deportiva.

Para que un entrenador sea eficaz, según Alaminos, Bastida y Sánchez (2013), en el deporte de base se requiere:

1. Tener la *paciencia* suficiente para dedicar tiempo al desarrollo de los atletas participantes.

2. Implicación y *confianza* en la evolución de los niños en la práctica deportiva en un ejercicio de mejoramiento personal.

3. *Habilidad* necesaria para saber apreciar las mejoras y hacer las correcciones para el mejoramiento personal.

Es necesario que el entrenador desarrolle la *empatía* con sus atletas. La cualidad de tener la suficiente sensibilidad del entrenador en visualizarse en el lugar del atleta y comprenderlo mejor. Esta cualidad le permitirá una relación de confianza entre el entrenador y los atletas participantes. Por consiguiente, aumenta la implicación de los niños y jóvenes en su disciplina deportiva. Cada participante deberá sentirse a gusto y experimentar con mayor plenitud las vivencias del deporte.

El entrenador debe trabajar en el deporte de base con objetivos de *aprendizaje*. Conseguir los objetivos, es potenciar el afán de superación y esfuerzo, que resulta un efecto sobre la motivación e implicación de los niños y jóvenes en la práctica deportiva. *En fin, estar centrados en la evolución y la progresión del aprendizaje de los deportistas más que en los resultados de la competencia.*

1.2   Orientación de la Práctica Deportiva

Si la empatía y el trabajar con objetivos de aprendizaje son atributos necesarios para la eficacia de un entrenador en el deporte de base, el asunto de la orientación de la práctica deportiva es medular. El pensamiento del entrenador es el que guía sus actitudes y comportamiento sobre la orientación de la práctica deportiva en el deporte de base, que está relacionado con la orientación de la práctica deportiva que le da finalmente el entrenador. Tres orientaciones con mayor peso se disputan su preferencia, entre: la recreación, el aprendizaje y la competencia.

- **Recreación**: se orienta en el disfrute de una relación personal del participante mediante el *juego* con la práctica deportiva. El niño aprende jugando por lo tanto, el aspecto lúdico resulta ser una de las razones principales de su práctica en el deporte junto con la necesidad social de compartir con sus pares.

- **Desarrollo**: se orienta en el *aprendizaje* y auto-dominio de las habilidades y destrezas a lograr, a superarse con su esfuerzo en la práctica deportiva. Una de las mayores satisfacciones de la práctica deportiva en los niños resulta el aprendizaje de nuevas habilidades y destrezas.

- **Competencia**: se orienta en los resultados técnicos alcanzados con la práctica deportiva. No es que la competencia sea perjudicial, ya que resulta en una oportunidad de valoración y demostración de sus habilidades, sino que su enfoque se sobrecarga hacia el producto final, el resultado. La consecuencia es que coloca en orden secundario el desarrollo de las destrezas y habilidades deportivas.

El asunto del mantenimiento o abandono deportivo al depender de los ciclos reforzadores externos de la competencia. Estos reforzadores externos son los resultados de la competencia, en particular el ganar. Mientras los perdedores se excluyen del ciclo de refuerzo y reconocimiento de la competencia. Por lo tanto, debemos reforzar la motivación interna de los niños y jóvenes, no potenciar el premio y los resultados deportivos. *Resultando entonces que el mantenimiento de los niños y jóvenes se fortalece con la orientación hacia el disfrute del juego y el aprendizaje de las destrezas con la práctica deportiva que con la propia competencia.* Un énfasis en la competencia que predomina la cultura deportiva con el afán en proclamar al campeón infantil en cada disciplina deportiva.

Uno de los aspectos más significativos de los cambios de paradigma en el entrenamiento infantil y juvenil es haber superado el sistema piramidal. Un modelo jerárquico que parte de la premisa con la selección de los atletas más aptos desde la iniciación hasta el alto rendimiento. Por lo tanto, la disminución de los participantes es parte de un sistema de selección natural que al final sobrevivían los más aptos y fuertes.

El asunto de la mayor cantidad de atletas, con el término de la masificación deportiva, propio de los sistemas cerrados, se justifica en cuanto al aumentar las posibilidades estadísticas con proporciones de la cantidad de atletas necesarios para alcanzar un atleta elite.

Como por ejemplo, cifras de que por cada 10,000 practicantes se alcanza un (Figura 1) atleta elite.

Figura #1
Sistema piramidal, modelo jerárquico

El sistema piramidal fue superado por el modelo del marco o cuadro (frame) de la alfabetización física para todos con el Desarrollo del Alto Rendimiento a Largo Plazo de Bayli y Hamilton (2001) que coexisten los objetivos de participación activa de toda la vida y la excelencia deportiva. Este Programa que tuvo su origen en Canadá, se ha extendido con éxito en Inglaterra, Nueva Zelandia y Australia, y ser adoptado recientemente en los Estados Unidos en el Estado de Utah. Este enfoque ha sido innovador ya que sus modificaciones de los deportes infanto-juveniles en las federaciones internacionales han comenzado adoptar sus transformaciones y en el propio olimpismo con las regulaciones de las categorías por edad[1].

---

1   En los Juegos Olímpicos, a partir de Londres 2012 y Río 2016, se han regulado las edades de los participantes en la gimnasia de mayores de 12 años, en los deportes de combate mayores de 19 años y en el maratón a mayores de 20 años de edad.

Es decir que con este modelo de recuadro se cumplen los objetivos de la actividad física orientado en la salud y al mismo tiempo se promueven en una perspectiva a largo plazo (10 años o más) el desarrollo de los atletas más aptos y talentosos en el deporte.

Figura #2
Modelo del marco o cuadro de la alfabetización física para todos

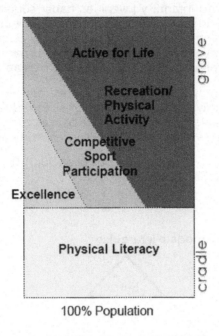

Fuente: Bayli y Hamilton (2001)

1.3   Características y Funciones del Entrenador

El principal papel del entrenador es el de ser *maestro* ya que será uno de los aspectos comunes a todos los entrenadores. Se plantea el planificar las actividades de forma adecuada, el uso de las técnicas de motivación acertadas, para que se individualice y una comunicación que sea efectiva con los jugadores.

Prata (1998) nos plantea un cuadro de funciones del entrenador por etapas deportivas como se plantea en la tabla 1.

Tabla 1
Cuadro de Funciones del Entrenador Deportivo

Función del Entrenador	Etapa Deportiva
Amigo, organizador, comunicador y motivador	Iniciación (7-10 años)
Técnico, táctico, desarrollo físico y talento deportivo	Perfeccionamiento (11-16 años)
Gestor, Manager, Estratega	Rendimiento (18 años en adelante)

Fuente: Prata (1998)

Véase que en la etapa de la iniciación deportiva para niños entre 7 a 10 años la función del entrenador que sobresale es ser amigo, organizador, comunicador y motivador más que la capacidad de técnico, preparador físico o estratega que es necesario en las etapas de perfeccionamiento o de rendimiento.

Los niños afirman en diversos estudios que prefieren entrenadores competentes, que sepan recompensar sus esfuerzos y favorezcan un ambiente positivo de aprendizaje en los entrenamientos.

Sánchez Bañuelos (1996) propone cuatro recomendaciones para los entrenadores en las categorías de base.

1. El entrenador debe saber utilizar el refuerzo en los jugadores.

2. Saber reaccionar adecuadamente ante los errores de los jugadores.

3. Ganarse el respeto de los jugadores.

4. Saber tratar las presiones que sobre los niños puedan ejercer los padres.

En la cuarta recomendación se hace necesarios que las diferentes autoridades e instituciones deportivas y escolares formen simultáneamente a padres y entrenadores.

Figura #3
Rótulación en Club de Rugby (Pussyredom)

Si quiere un campeón en la familia, entrénese... mientras tanto, ¡deje que su hijo juegue feliz!

1.4   Formación Psicopedagógica del Entrenador

La relación entrenador-deportista se realiza desde una perspectiva psicopedagógica. El entrenador requiere de una capacitación psicopedagógica en las destrezas de *motivar* y el saber *enseñar* las habilidades deportivas. Por lo tanto, se requiere de una formación adecuada y el recibir asesoramiento continuo de los entrenadores con profesionales en función de mentores. Se requiere de una estructura que facilite la formación adecuada y el asesoramiento de los entrenadores. Una institución que tenga como misión fundamental el *cambio de la cultura* del deporte infanto-juvenil.

Esto plantea tres tareas que fortalecerán la formación psicopedagógica del entrenador deportivo en el deporte de base:

1. Establecer el equilibrio entre aprendizaje, juego y competencia. Mayor peso al juego y al aprendizaje que la competencia.

2. Diseñar ambientes donde lo importante no sea el ganar, sino una *visión realista y positiva*. Ser realista es alcanzar habilidades y destrezas mínimas de competencia que sean positiva en términos de la evolución del aprendizaje.

3. Adaptar la competición al nivel de los alumnos *modificando las reglas o simplificación de las exigencias técnico-táctico*. En este proceso es que radica verdaderamente la transformación de la cultura deportiva.

La formación psicopedagógica del entrenador en el deporte de base comprende los siguientes términos específicos:

·   El entrenador deberá fijar *metas razonables* que se puedan conseguir en la enseñanza de las destrezas deportivas cónsonas con las etapas del desarrollo de los niños.

·   El entrenador deberá *enseñar y corregir* de forma adecuada. La retroalimentación positiva del entrenador aumenta la motivación intrínseca de los participantes.

·   El entrenador deberá conservar el *control emocional* con su comportamiento sea afectivo y positivo en el entrenamiento y la competencia. Este comportamiento de auto-control en el manejo de las emociones favorecen un clima social en los atletas de sentimientos de auto-evaluación, la satisfacción e incentivar hacia la actividad de la práctica deportiva.

·   El entrenador deberá *no hacerse indispensable y necesario*, ni fomentar la dependencia de los atletas. Por el contrario, el entrenador deberá aportar a los jugadores con el desarrollo de las destrezas y habilidades necesarias para su formación e incentivar su autonomía.

1.5   Los Ámbitos de Dominio para la Capacitación del Entrenador

La capacitación profesional de los entrenadores en el deporte de base se orienta en tres procesos fundamentales: la formación teórica, el dominio de las destrezas y la actividad reflexiva de su práctica.

La formación teórica del entrenador comprende los contenidos académicos de la metodología del entrenamiento, la pedagogía, la psicología y el de las ciencias básicas.

Pedagógico

· Programación de la enseñanza

· Organización de la sesión

· Diseño de las sesiones

· Metodología de entrenamiento

· Evaluación de la sesión de entrenamiento

Psicológico

· Motivación

· Control y dirección

· Comportamientos en el entrenamiento y la competencia

· Diseño de ambientes positivos

· Comunicación interpersonal

· Trabajo en equipo

Ciencias Básicas

· Desarrollo y crecimiento

· Anatomía y fisiología

· Primeros auxilios

· Organización de eventos

El dominio de las destrezas comprende los contenidos técnicos y tácticos para su ejecución en la disciplina deportiva. El entrenador deberá dominar las destrezas y habilidades del deporte en cuestión para demostrar a sus alumnos y hacer las correcciones necesarias en su progresión.

Técnico

- Características principales del deporte
- Destrezas y habilidades técnicas
- Destrezas y habilidades tácticas
- Reglas del deporte
- Preparación física
-

La actividad reflexiva de su práctica como entrenador supone un aspecto integrador de la formación teórica y la ejecución de las destrezas en el escenario de la realidad de su disciplina deportiva. Una oportunidad para el desarrollo y el avalúo de sus competencias en una perspectiva de su mejoramiento profesional. En este contexto es que resultan determinantes en la educación continua de los entrenadores y el recibir institucionalmente de la asesoría profesional en calidad de mentores.

En fin, la capacitación de los entrenadores, requiere de una formación teórica, el dominio de unas destrezas necesarias en su ejecución, pero más importante, es el compromiso y voluntad institucional de abrir un espacio de una reflexión sobre su práctica con el fin de facilitar su continuo mejoramiento profesional.

Síntesis

- La necesidad de formar y capacitar a los entrenadores en la especialización del deporte de base.

- La iniciación deportiva es una actividad educativa que se manifiesta en un proceso de enseñanza-aprendizaje del entrenador deportivo con sus atletas o jugadores.

- La relación entrenador-deportista se reafirma bajo las premisas psicopedagógicos, no es una orientación exclusivamente técnica, sino el qué y el cómo enseñar las habilidades y destrezas en el deporte, así como el mantener el interés de los practicantes en el deporte.

- La capacitación profesional de los entrenadores en el deporte de base se orienta en tres procesos fundamentales: la formación teórica, el dominio de las destrezas y la actividad reflexiva de su práctica.

Auto-evaluación

- ¿En qué consiste la misión del entrenador del deporte de base?

- ¿Cuál es la orientación que debemos dar a la práctica deportiva en el deporte de base?

- Menciona las características y funciones del entrenador de base.

- Explica la importancia de la función psicopedagógica del entrenador en el deporte de base.

- Enumera los procesos y los diferentes ámbitos de dominio en la formación profesional del entrenador deportivo.

Referencias

- Alaminos, María José, Bastida, Alfredo y Sánchez, Eva (2013) Coaching Deportivo. Editorial Paidotribo, Barcelona, España.

- Guillén García, Félix (2003) Psicopedagogía de la actividad física y el deporte. Editorial Kinesis, Colombia.

- Jiménez, Francisco Javier, Rodríguez López, José y Castillo Viera, Estefanía (¿)"Necesidad de formación psicopedagógica de los entrenadores deportivos". Universidad de Huelva.

- Moreno, Arroyo, M. Perla (2009) El entrenador deportivo. INDE Publicaciones, Barcelona, España.

- Sánchez Bañuelos, F. (1996) "Organización y gestión de recursos humanos en el deporte". Comité Olímpico Español y Universidad Autónoma de Madrid.

Lección 2

La Filosofía del Entrenador

CONTENIDO

Lección 2

La Filosofía del Entrenador

Resumen

El propósito de esta lección es comprender el deporte como fenómeno social y la importancia de un enfoque correcto en el desarrollo de los niños. La responsabilidad social de los entrenadores es promover un estilo de vida activo y la enseñanza de los valores del juego limpio en los participantes. Discutir las razones de la participación de los niños en el deporte y el proveer una orientación al entrenador de cómo establecer una relación con los padres orientada a trabajar en conjunto por lograr una experiencia positiva de los niños con la práctica del deporte.

Objetivos

1. Comprender el deporte como fenómeno social y la importancia de un enfoque correcto en el desarrollo de los niños.

2. Identificar la responsabilidad social de los entrenadores en promover un estilo de vida activo y la enseñanza de los valores del juego limpio en los participantes.

3. Discutir las razones de la participación de los niños en el deporte.

4. Proveer una orientación al entrenador de cómo establecer una relación con los padres orientada para lograr una experiencia positiva de los niños con la práctica del deporte.

2.1   Introducción

Ser filósofo no es necesariamente asumir otro nuevo rol para el entrenador, aunque sí el tener una filosofía sobre el deporte para los niños. Esto significa que cada entrenador debe tener claro unas ideas, los conceptos, las premisas y los fundamentos que apoyan la función del deporte en el desarrollo integral de los participantes.

La filosofía es un asunto muy práctico en el deporte. Ya que nos ofrece con meridiana claridad cómo vemos y entendemos la función del deporte en la sociedad. En particular sobre la perspectiva del entrenador con el tema de la actividad deportiva infantil en los niños entre las edades de 6-13 años.

Este tema es medular, ya que deberá diferenciar el enfoque prevaleciente en la cultura deportiva de un modelo del deporte profesional orientado a los resultados por adoptar un modelo de un deporte formativo y recreativo para lograr una experiencia positiva en los niños.

El entrenador se enfrentará con una serie de obstáculos que la cultura deportiva en la sociedad ha creado con respecto a la práctica deportiva de los niños, el de ser un espejo del deporte de los adultos, pero comenzando con influenciar a los padres hacia un enfoque correcto hacia el desarrollo integral.

En este esfuerzo, los entrenadores deberán ejercer su liderazgo, por elevar el nivel de concientizar a los adultos sobre el deporte para niños, sustentada por las investigaciones y declaraciones de organizaciones internacionales en los pasados treinta años sobre los efectos positivos y negativos de la práctica del deporte infantil.

No podemos continuar con esa actitud cómplice y pasiva de enfrentar la problemática de la práctica deportiva infantil sin proteger la Carta de los Derechos de los Niños en el Deporte (1988) en particular con su derecho a divertirse y jugar como un niño y el derecho a no ser campeón[1].

Reiterando además que cada vez se amplían las declaraciones de las organizaciones internacionales en los derechos de los menores e inclusive se considera que ser negligente con respecto a las necesidades de los niños y jóvenes en el deporte es una nueva forma de abuso[2].

La filosofía del deporte comprende, además del asunto del compromiso de los entrenadores con la responsabilidad social, la manera en que fomente en la praxis los valores del juego limpio en el deporte infantil. No solamente el entrenador deberá expresarlo y suscribirlo, sino es vivirlo en la práctica durante el entrenamiento y la competencia.

---

1   En el texto se enumera la carta de los derechos de los niños en el deporte.

2   La convención de los Derechos Civiles en Londres (2005) plantea que hay un 20% de potencial de riesgo de los derechos de los menores en la práctica del deporte. La Comisión de ´Sport for Development and Peace´ (ONU) establece como una de sus metas la protección de los niños en el deporte.

Una filosofía en el deporte infantil deberá ayudar a los entrenadores en poseer criterios de valorar la superación de las barreras de las organizaciones, ligas, clubes y asociaciones que no permiten un entorno de experiencias positivas para los niños. Una terapia necesaria de enfrentar la realidad en los parques, canchas, estadios y escenarios de entrenamiento donde se practica el deporte infantil en Puerto Rico.

En este sentido la filosofía del deporte infantil no solamente es una exposición de ideas retóricas, sino en convertirse en las herramientas de acciones transformadoras de la cultura deportiva de la sociedad y en la influencia directa de los adultos.

Carta de los Derechos de los niños en el Deporte (1988)

1. Derecho hacer deporte.

2. Derecho a divertirse y a jugar como un niño.

3. Derecho a beneficiarse de un medio sano.

4. Derecho a ser tratado con dignidad.

5. Derecho a ser entrenado y rodeado por personas competentes.

6. Derecho a seguir entrenamientos adaptados a ritmos individuales.

7. Derecho a medirse con aquellos que tienen las mismas probabilidades de éxito.

8. Derecho a participar en competencias adaptadas.

9. Derecho a practicar el deporte de su elección con seguridad.

10. Derecho a tener tiempo de descanso.

11. Derecho a no ser Campeón.

2. 2   El Deporte como Fenómeno Social

Anécdota en Brasil

Hace algún tiempo un buen amigo se fue de visita a Brasil para presenciar unas competencias multideportivas y a disfrutar con nuevos amigos de Brasil que fue conociendo en las diferentes competencias en el deporte, se le ocurrió hacer una broma con una pregunta retórica:

¿Cuál es el deporte de mayor preferencia en el Brasil?

Los amigos le respondieron con certeza que eran varios entre ellos podría estar el volibol, el baloncesto y el judo. Ante la sorpresa, de que no hubiesen mencionado evidentemente el fútbol, les preguntó que dónde quedaba el fútbol; ellos le contestaron a carcajadas que el fútbol no era un deporte sino una religión en el Brasil.

Una anécdota que ejemplifica con claridad el impacto del deporte en una sociedad y cómo se integra en la cultura de la gente. Para convertirse en una de las actividades que más nos apasiona, centra la atención de los medios y el interés de las personas en todo el espectro de la sociedad. Un elemento como pocos que cohesiona y unifica en un propósito común a los países y naciones.

Fenómeno Social

Desde el siglo XX con el inicio de los Juegos Olímpicos en 1896 hasta el presente, el deporte se ha convertido con todo derecho en un fenómeno social a nivel mundial. Es parte de la cultura global que registra los mayores récords de audiencia en la celebración de los Juegos Olímpicos, los Campeonatos Mundiales, las competencias internacionales y ligas profesionales.

El deporte sin duda es un fenómeno de gran impacto social. La atención mediática que genera y las pasiones que provocan no tienen comparación con otros aspectos de la vida colectiva de las personas. Pero ese mismo impacto, de atención y la pasión con el deporte de alto rendimiento o profesional se traslada esa cultura con bastante facilidad en el deporte infanto-juvenil.

Las consecuencias que tenemos es una tendencia a que el deporte infanto-juvenil no sea una experiencia positiva y formativa de los atletas, sino todo lo contrario. Según las investigaciones y estadísticas[3] sobre los efectos negativos de la práctica del deporte infantil (70% en deserciones a los 14-15 años y el 30% de quemados por lesiones de sobrecargas de entrenamiento de 11-14 años).

El problema consiste en que los adultos hemos elaborado y orientado el deporte infanto-juvenil con las mismas bases del deporte de alto rendimiento, cuando debe hacerse con otra finalidad, como el colocar primero a los niños y luego ganar.

Esta tendencia se conoce en el deporte como la de "forjar campeones infantiles." Para ello los entrenadores debemos tener claro en que consiste nuestra responsabilidad social con el deporte infantil.

---

3   Estos datos los ofrece Temblay (2011) citando a la "American Alliance for Health" y el de la prevalencia de lesiones por Matos and Wesley (2007).

2.3   Responsabilidad Social

Mente y cuerpo sano en el deporte

Todo el mundo hace mención, con bastante regularidad, de una frase latina de *"Mens sana in corpore sano"* para justificar los beneficios de la práctica del deporte.

Sin embargo, la sociedad actual se enfrenta a la realidad de que su cuerpo social está confrontando los peores indicadores de la salud física de las personas y el mal estado de su salud mental. Que muy bien se reflejan con la descomposición y la crisis social expresada por diversas manifestaciones de la violencia.

Nos enfrentamos al hecho de que el creciente estilo de vida pasivo y el sedentarismo alcanzan cada vez más sectores de la población de niños. Estas cifras estadísticas que van en aumento en la sociedad proyectan un escenario alarmante sobre la llamada *epidemia del siglo XXI: el problema de la obesidad infantil*[4].

El problema resulta tan preocupante que los pronósticos de las autoridades sanitarias a nivel mundial se exponen a que esta generación sea la primera que tenga una expectativa de vida menor que la de sus padres. Los niños han dejado de jugar y de adoptar estilos de vida activa. El interés de los niños resulta más en los juegos electrónicos y las actividades pasivas que son escenarios que propenden a la obesidad. El hecho es que cada vez son menos los niños que practican el deporte como una alternativa para mejorar la aptitud física.

No es sólo que se haya instaurado en la sociedad el sedentarismo y que su alcance se extienda a los niños, sino que la violencia forma parte del deterioro de la calidad de vida, así que los mecanismos de socialización de las diversas instituciones sociales han fracasado.

El deporte, como parte de las instituciones de la sociedad, cuenta con una cuota de responsabilidad social y debe hacer una seria reflexión sobre los beneficios al cuerpo y mente en particular de los niños.

En este sentido, Lang (2010) expresa que la amenaza se centra sobre los beneficios del deporte para niños y jóvenes.

"Existe un gran riesgo por el impacto en detrimento del desarrollo físico, mental y los valores de la socialización".

Debemos poner en contexto que la parte más visible del deporte es el alto rendimiento y con su alcance mediático resulta en un gran dilema sobre el cuerpo y la mente sana. El deporte de alto rendimiento atraviesa una grave crisis con los atletas por ser modelos para los niños.

---

4   La Organización Mundial de la Salud (OMS) ha señalado que el actual aumento de la obesidad en la población mundial hará que está enfermedad se convierta en una epidemia global durante el siglo XXI.

Los atletas que emergen como ídolos en el deporte, no pueden ser modelos de actividad física para los niños, cuando son objetos de dopaje en el deporte y la realidad es que cada vez su uso se extiende en el deporte profesional. No hay disciplina deportiva ni país que los resultados del dopaje estén exentos. Igual de preocupantes resulta con la exhibición de los atletas en el deporte de alto rendimiento de conductas antisociales y delictivas como parte de las manifestaciones de la violencia, inclusive en el mismo escenario de las competencias.

Frente a los desafíos de la crisis del sedentarismo y la violencia de la sociedad, nos debemos plantear la pregunta: ¿en qué consiste la responsabilidad social del entrenador en el deporte infantil?

1. En contribuir a que la práctica deportiva de los niños sea una alternativa al ocio pasivo y combata el sedentarismo.

2. En que la enseñanza de los valores en la práctica deportiva sea para mejorar las relaciones interpersonales y la inteligencia emocional, sobre todo en una sociedad que, cada vez más, refleja grandes problemas de violencia.

Es evidente entonces, que mientras más niños tengan una experiencia positiva con la práctica del deporte con mayor frecuencia veremos que adoptan un estilo de vida activo y saludable desde temprana edad ya que a través de la actividad física se gana una batalla contra el sedentarismo. En fin, se gana un cuerpo sano en la sociedad. Si también esta práctica deportiva se enfoca en la enseñanza de los valores y del juego limpio además de ser un buen deportista tendremos unos mejores ciudadanos para la sociedad.

2.4   Juego Limpio

¿Qué es el Juego limpio?

El juego limpio es una filosofía para la práctica deportiva. Parte de la premisa que el deporte es un camino a la moral y enfatiza en las ventajas de su participación. La filosofía del juego limpio comprende ciertos principios. Estos principios ayudan a desarrollar el verdadero espíritu del buen deportista.

·   Respeto a las reglas del juego

·   Respeto a los oficiales y aceptar sus decisiones

    Respeto al oponente

·   Proveer a todos los participantes de igualdad de oportunidades

·   Mantener la dignidad bajo todas las circunstancias

Estos principios aplican en todas las circunstancias y a todos los participantes del deporte, esto incluye: jugadores, oficiales, padres y espectadores. La filosofía del Juego Limpio[5] tiene unas implicaciones generales y específicas para el entrenador. En las implicaciones generales consiste en el cumplimiento de los pasos necesarios para promover el Juego Limpio. El entrenador deberá ser modelo de conducta y respetar las reglas del juego como el de los oficiales. En las implicaciones específicas incluye la necesidad de adoptar un enfoque constructivo y positivo de la participación en la competencia como el fortalecer la auto-imagen de cada niño. El entrenador deberá ser positivo al hablar y motivar al esfuerzo de los niños para la mejora de las destrezas del juego.

2.5 Participación de los Niños en el Deporte

Resulta importante que sepamos las razones de la participación de los niños en el deporte. Una razón que es fundamental es por la socialización, ya que todo niño tiene la necesidad de jugar e interactuar con sus pares. En fin, no es la práctica en sí del deporte que los motiva ni el fin de ganar, sino es la oportunidad de disfrutar del juego con otros niños.

El deporte para los niños es otra manera de jugar y divertirse. Somos los adultos que reglamentamos ese juego y le quitamos su contenido lúdico, haciéndole menos divertido. Le transmitimos una motivación extrínseca con el fin de ganar con sus recompensas y premiaciones.

En general, entre las razones que la gente expresa porque practica deporte se encuentran una o más de las siguientes:

- Interés por mejorar y/o dominar nuevas habilidades y búsqueda de excelencia.

- Necesidad de pertenencia y de establecer relaciones positivas y amistosas con otros.

- Deseo de experimentar nuevas sensaciones físicas y emocionales que produce el deporte.

- Deseo de fomentar la auto-estima y el autocontrol.

Diversas encuestas a niños por razones de satisfacción hacia la práctica del deporte menciona tres aspectos:

1. Aprender nuevas habilidades

---

5   Los ideales de la deportividad de una organización puede ser promovida por señales, rótulos o carteles positivos en las instalaciones deportivas, los comunicados en los programas e itinerarios y los anuncios de los juegos. Un ejemplo el de la FIFA con: "My Game Is Fair Play".

2. Tener mejor estado físico

3. Divertirse

El Instituto del Deporte en la Universidad de Michigan State sobre los resultados de encuestas sobre la satisfacción de los niños en la práctica del deporte expresa que:

- Sin diversión la gente joven no practica deportes (juego)

- El desarrollo de habilidades es un aspecto crucial y más importante que el ganar (aprender)

- Su motivación es el desafío con el auto-conocimiento para continuar mejorando sus capacidades (deseo de auto-superarse)

Resulta conveniente discutir las condiciones favorables para una experiencia positiva en el deporte infantil. Esto será una herramienta útil en el sentido que nos permite valorar los clubes, las organizaciones, las ligas y los torneos en cuanto al cumplimiento de los criterios favorables de una experiencia positiva en el deporte.

En este contexo resulta importante lo expresado por Hedstrom y Gould (2004) en "Research Youth Studies: Critical Issues Status":

- Que un deporte para niños y jóvenes altamente orientado a la competencia tiene el efecto de convertirse en lesiones o quemados, resultado del excesivo entrenamiento o deserciones por la ansiedad y presión de los adultos (padres y entrenadores).

- Que el problema mayor de los programas deportivos para niños y jóvenes es que los líderes deportivos y los que hacen las determinaciones han perdido la capacidad de relacionarse con las investigaciones y el conocimiento de las ciencias del entrenamiento en los pasados 30 años sobre el deporte y la actividad física de los niños y jóvenes.

- Que en el desarrollo del deporte para niños y jóvenes no se alcanzan sus beneficios meramente por la participación, sino por la calidad del liderato que ejercen los adultos como factor clave para maximizar sus efectos positivos.

Metas de los Programas Deportivos

Nos parece práctico que incluyamos en los Programas Deportivos para niños y jóvenes las metas de Sidentop (2002), para que al mismo tiempo nos permita evaluar nuestras organizaciones con cinco criterios fundamentales y metas necesarias para hacer el deporte uno de beneficio y reducir las amenazas. Además, expresarles a los padres, de forma más pragmática, que la probabilidad de un atleta convertirse en profesional en los Estados Unidos con una base de 40 millones de niños y jóvenes en actividades deportivas escolares y en las comunidades es de 1 entre 12,000[6].

Primer Criterio: Inclusión

Meta: Ser inclusivo. Permitir la participación de todos los niños.

Indicadores:

- Permite ser parte a niños de diferentes niveles de habilidad y nivel de condición física

- No existe un procedimiento de selecciones de los mejores, ni de exclusión de los menos talentosos para formar equipos o grupos.

Segundo Criterio: Participación

Meta: Establecer igualdad de participación y oportunidad en el deporte para todos los participantes sin importar su capacidad o nivel de destreza.

Indicadores:

- Permite tiempo de juego a todos no importa el nivel de dominio y destreza.

- Desarrollo de las habilidades y experiencias en el deporte más que en el resultado de ganar.

Tercer Criterio: Actividad Física Saludable

Meta: Promover que la actividad física sea adecuada y no ponga en riesgo a la salud de los participantes.

Indicadores:

- Promueve un estilo de vida activo con la práctica del deporte.

- Mejora la aptitud física y fomenta hábitos de nutrición saludable.

- Enfatiza actividades para el desarrollo motor adecuados a la madurez de los participantes.

---

6   Esto lo expresa el Dr. Richard Lapchik, director del Centro de Estudios del Deporte en la Sociedad, citado por Smith and Smoll (2002).

Cuarto Criterio: Enseñanza de valores

Meta: Obedecer las reglas del Juego Limpio para todos en el deporte.

Indicadores:

- Si están comprometidos con los principios del Juego Limpio y la aplicación en cualquier circunstancia y aplicado a toda persona.

- Existencia de códigos de conducta para entrenadores, participantes, padres, oficiales y espectadores.

Quinto criterio: Balance del programa

Meta: Que los programas deportivos de los niños y jóvenes mantengan un balance de las metas educativas y salud con el desarrollo deportivo.

Indicadores:

- Provee un calendario de entrenamiento y competencias que no afecta los deberes escolares y el disfrute del tiempo libre como las vacaciones.

- El tiempo de práctica en cuanto a la duración resulta idóneo para las edades de los participantes.

Estos cinco criterios le permiten al entrenador examinar el contexto en que se desarrolla su práctica deportiva infantil. Es su deber y responsabilidad divulgar la filosofía sobre el deporte para niños. De su influencia y liderazgo dependerá la mejora de los programas deportivos en nuestras comunidades para ofrecer una experiencia positiva y formativa de los participantes.

2.6   Relación del Entrenador con los Padres

La relación del entrenador con los padres de los participantes en el deporte tiene un gran efecto (positivo o negativo). Por lo tanto, es importante que el entrenador pueda desarrollar una relación positiva y significativa con los padres de sus atletas.

Entre las sugerencias que ofrece la Asociación de Entrenadores de Canadá (1988) para mejorar la relación con los padres mencionamos las siguientes:

- Organizar una reunión formal con los padres de los participantes para discutir los objetivos del programa y su enfoque como entrenador (responsabilidad social y participación de los niños en el deporte).

- Describa en detalle a los padres, el comportamiento que debe reforzar en los participantes (motivar, refuerzo positivo y la auto-superación).

- Explique a los padres la conducta que espera de ellos. Haga claro cómo deberán respetar a los oficiales y que no deben dar instrucciones a los jugadores.

- Reconozca la necesidad de mantener una comunicación frecuente y sincera con los padres. Para evitar cualquier mal entendido o diferencia que podría ser debido a problemas de la falta de comunicación.

- Esté en actitud de recibir sugerencias o ideas para cómo mejorar el programa de entrenamiento.

Si es conveniente con el cumplimiento de las sugerencias anteriores debemos analizar la forma de comportarse de los padres en el entrenamiento y la competencia. Smoll (2000) lo clasifica en cinco tipos de categorías:

Ø *Padres entrenadores* en el terreno: quieren dirigir y estar cerca en la línea del campo de juego.

Ø Excesivamente *críticos*: no pierden ocasión para corregir algún defecto o dar una instrucción en el juego.

Ø *Vociferantes* detrás del banco: son los animadores del equipo y reaccionan ante todo que pasa en el juego.

Ø Sobreprotectores: son los *agentes* de su hijo en el juego, les interesa la participación y que logre destacarse individualmente.

Ø *Desinteresados*: se muestra sin interés en la participación de su hijo y es un espectador pasivo en las gradas.

Entre las características ideales que se deben promover en los padres son:

Ø Aprender a controlar las propias emociones y favorecer emociones positivas en los hijos sin dar instrucciones o hacer críticas durante los entrenamientos o competencias.

Ø Aceptar el papel del entrenador sin interferir en los planteamientos o instrucciones que éste da a sus hijos.

Ø Aceptar los éxitos o fracasos sin realizar comentarios despectivos de los jugadores o padres del equipo contrario, entrenadores o árbitros.

Ø Aceptar su rol en el campo siendo un modelo de auto-control y permaneciendo en el área que le corresponde (grada).

Podemos afirmar sin temor a equivocarnos que una de las pruebas del entrenador es influenciar positivamente a los padres de los participantes en el deporte. Si alcanza a que comparte gran parte de su filosofía de entrenador habrá ganado un aliado valioso en lograr una experiencia positiva de los participantes en el deporte infantil.

Decálogo para los Padres

1. No debo obligar a mi hijo a practicar un deporte que no desea, sabiendo que los niños realizan un deporte por su propia diversión, no la mía.

2. No debo ridiculizar a mi hijo, ni a ningún niño por cometer errores o porque pierda un partido, combate o evento.

3. Alentaré a mi hijo a jugar de acuerdo a las reglas y por mi parte nunca cuestionaré las decisiones de los árbitros, ni su honestidad.

4. Enseñaré a mi hijo que el esfuerzo honesto es tan importante como la victoria, con el fin de que admita el resultado de cada partido, sin una debida desilusión.

5. La mejor forma de enseñar es a través del ejemplo, por lo que aplaudiré el buen juego de mi equipo y el de mi oponente.

6. Apoyaré con mi comportamiento todos los esfuerzos para eliminar los abusos físicos y verbales del deporte infantil.

7. No emplearé un lenguaje indebido, ni hostigaré a los jugadores, entrenadores o árbitros, y no haré uso de gestos groseros durante los partidos para manifestar mis discrepancias.

8. Me comprometo a ayudar a mi hijo a que comprenda las diferencias que existen entre los partidos que ellos juegan y los partidos de los adultos.

9. Asumo respetar a los jugadores del equipo contrario, sabiendo que sin ellos no hubiera partido.

10. Condeno el uso de la violencia en todas sus formas.

Síntesis

- Que la filosofía es un asunto muy práctico en el deporte infanto-juvenil, ya que nos ofrece con claridad cómo vemos y entendemos la función del deporte en el desarrollo integral de los niños y jóvenes.

- Que si es cierto el deporte es un fenómeno de gran impacto social y mediático, la cultura que promueve el deporte profesional y de alto rendimiento, el énfasis en la competencia se contrapone al mejor desarrollo del deporte infanto-juvenil; con las consecuencias de las altas tasas de la deserción en el deporte y de problemas de lesiones.

- Que el deporte para niños y jóvenes debe promover una experiencia positiva que fomente un estilo de vida activo, saludable y una enseñanza de valores con el Juego Limpio.

- Que para que el deporte sea una experiencia positiva debemos los adultos valorar las organizaciones en cuanto a las metas del programa deportivo en la inclusión, la participación, las actividades físicas, enseñanza de valores y balance con metas educativas y el disfrute del tiempo libre de los participantes.

- Que uno de los aspectos más cruciales para el desarrollo óptimo de una filosofía en el deporte infanto-juvenil consiste en que los padres se conviertan en aliados para que el deporte resulte una experiencia positiva para sus hijos.

Auto-evaluación

1. ¿Por qué el modelo del deporte de alto rendimiento o profesional no es el enfoque correcto para el desarrollo de los niños?

2. ¿Explica en qué consiste la responsabilidad social del entrenador en el deporte infantil?

3. ¿Cuáles son las razones para los niños participar en el deporte?

4. ¿Qué aspectos deben discutirse en la reunión con los padres de los participantes?

5. ¿En cuáles criterios en su organización debería usted influenciar para lograr cambios en la cultura deportiva?

Referencias

- World Health Organization (1998) "Sport and children" Statement WHO with FIMS in Bulletin for World Health Organization 76 (5): 445-447.

- Utah Athletic Foundation (2009) "Rethinking how we engage Utah's youth in Sport". Available in www.utahsportForlife.com

- Temblay, Regis (2011) "The urgent need for reform in youth sports" published by The Center for Kids First in Sports.

- Federation International Medicine Sports (1998) Position Statement for Excessive Physical Training in children and Adolescents. Available in http://www.fims.org

- National Association for Sport and Physical Educators (2010) "Guidelines for participation in youth sport programs: specialization versus multiple sport participation." Available in www.aahperd.org

- INEUM Consulting (2007) "Training of Young Athletes".

- ONU (2010) "Sport for Development & Peace" Action Plan 2010-2012

- Shanmugam, C & Maffull ,N (2008) "Sport traumatology" in British Medical Bulletin.

- Comitte in Sport Medicine (2000) "Intensive Training and Sports Specialization in Young Athletes" Pediatrics (2000:106-154) available in http://pediatrics.aappublications.org

- Matos, Nuno and Winsley, Richard (2007) "Trainability of young athletes and overtraining" published in Journal Of Sport Science and Medicine 6, 353-367. Available in www.jssm.org

- Anderson, Gregory and Twist, Peter (2005) "Trainability of Children". Published in March 2005 IDEA Fitness Journal.

- Rogol, Alan, Clark, Pamela and Roemmich (2000) "Growth and pubertal development in children and adolescents:effects diet and physical activity". American Society of Clinical Nutrition 2000:72 (suppl) avalaible in www.ajcm.org

- Baker, Joseph (2003) "Early Specialization in Youth Sport: a requirement for adult expertise? High Ability Studies, Vol. 14, No.1, June 2003.

- Malina, Robert (2009) "Children and Adolescents in the sport culture: The overwhelming majority to select few". J Exerc. Sci.I.T. Vol.7 No.2 (suppl) 31-10. 2009.

- Sideintop, Daryl (2002) "Junior Sport and Evolution of Sport Cultures". Journal of Teaching in Physical Education, 21, 392-401. Human Kinetics.

- Lang, Melanie (2010) "Intensive Training in youth sport: a new abuse of power".

- Frankl, Daniel (?) "Youth Sports: Innocence Lost".

- Año, Vicente (1997) "Planificación y organización del entrenamiento juvenil". Editorial Gymnos, Madrid ,España.

- Stotlar, David K & Wonders, Andrew (2006) "Developing Elite Athletes: A content anlysis of US National Governing Body System", International Journal of Applied Sport Sciences 2006, vol.18, no.2, 121-144.

- McCann, Liam (2006) Modern Olympics, Facts, figure & Fun, London

· Smith, R. E & Smoll, F.L (2002) "Youth Sports Objectives and values" in Way to go Coach. Warden Publishers INC. Valley, CA.

· Lahoz, David (1993) "Adiestramiento de atletas de ambos sexos entre las edades de 10-13 años." Manual Técnico, Categoría Infantil, Programa Desarrollo del Atletismo Puertorriqueño, San Juan, PR, Departamento de Recreación y Deportes.

· Hedstrom, Ryan & Gould, Daniel (2004) "Research in Youth Sports: Critical Issues Status". White papers Summaries of the Existing Literature. Institute for the Study of Youth Sports. Department of Kinesiology, Michigan State University.

· Hohman, Andreas, Lames, Martin y Letzeir, Manfred (2005) "Introducción a la Ciencia del Entrenamiento". Editorial Paidotribo, Barcelona, España.

· Martin, Dietrich. Nicolaus, Jurgen, Ostrowski, Christine y Rost, Klaus (2004) Metodología General del Entrenamiento Infantil y Juvenil. Editoral Paidotribo, Barcelona, España.

· Guzmán Colón, Carlos (1997) Manual Técnico Infantil: Atletismo Nivel I. Publicado por el Departamento de Recreación y Deportes, San Juan, Puerto Rico.

· Guzmán Colón, Carlos (2007) ¿Progreso o Retroceso? Atletismo en Puerto Rico (1957-2007) Comparaciones con Cuba, Jamaica y Estados Unidos. Publicado por el Departamento de Educación Física, Centro de Estudios Olímpicos de la Universidad del Turabo. Caguas, Puerto Rcio.

· Hahn, Erwin (1988) Entrenamiento para niños. Editorial Martínez Roca, Barcelona, España.

· Martin, Dietrich (1981) "Fundamentos de la Enseñanza del Entrenamiento"

· Rius Sant, Joan (1989) Metodología del Atletismo, Editorial Paidotribo, Barcelona, España.

· Dick, Frank (1993) El entrenamiento deportivo. Editorial Paidotribo, Barcelona, España.

· Bayli, Istvan (2001) "Sport System Building and Long Term Athlete Development". In British Columbia, Canada.

· Bayli, Istvan & Hamilton, Ann (2004) "Long Term Athlete Development: trainability in childhood and adolescence". Presentation in Scottish Strenght and Conditioning seminar 2002.

· García, T., Cervelló, E., Jiménez, R., Iglesias, D. and Moreno, J. (2010) "Using Self-determination theory to explain persistence and dropout in adolescent athletes" T he Spanish Journal Psychology 2010, vol. 13, No.2 675-682.

· Presentation in the "Sociology of Sport 240 E2 " Sport in Society: Issues & Controversies

· Lämsä, Jari (2011) "Elite Sport Systems" Research Institute for Olympic Sports, KIHY

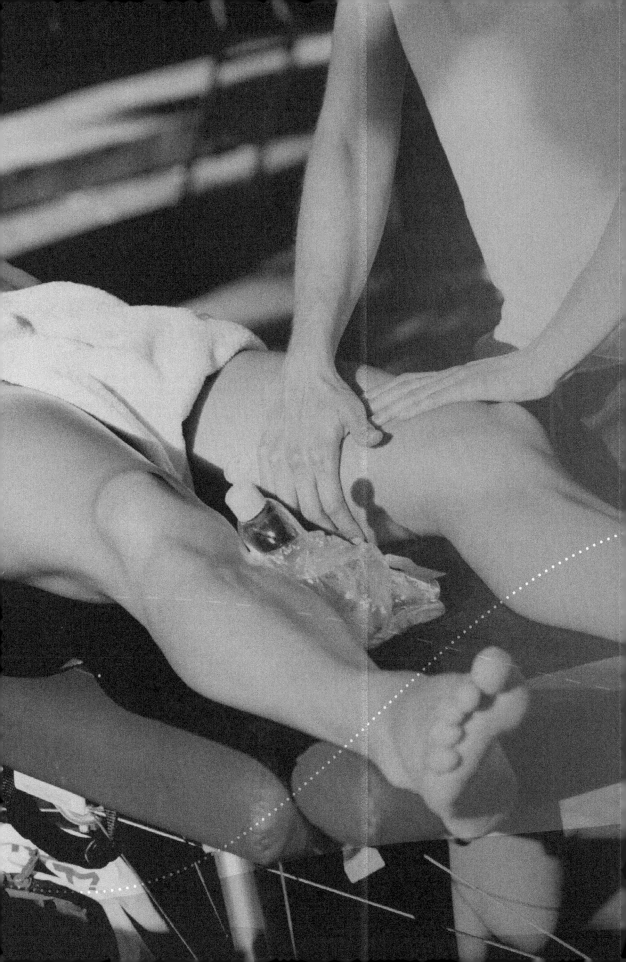

Lección 3

Seguridad Deportiva

Lección 3

Seguridad Deportiva

Resumen

El propósito de esta lección es comprender la importancia del entrenador en proveer a los participantes de un entorno seguro para el entrenamiento y la competencia. El entrenador deberá elaborar estrategias y programas de prevención para reducir el riesgo de las lesiones en la actividad deportiva. El entrenador tendrá que prepararse para enfrentar la realidad de que las lesiones ocurrirán en cualquier momento y tendrá que proveer asistencia con medidas de primeros auxilios para la atención inmediata de los participantes lesionados. En el caso de las situaciones de emergencia, el poder iniciar el Plan de Acción que consiga un cuidado médico profesional del participante lesionado tan rápido como sea posible. El entrenador tendrá además el compromiso de apoyar los profesionales de la salud en el cuidado y rehabilitación de los participantes lesionados mediante el seguimiento de las recomendaciones médicas para autorizar el retorno de los atletas a la actividad de entrenamiento y competencia.

Objetivos

1. Comprender la importancia de la seguridad deportiva para los atletas en el entrenamiento y la competencia

2. Elaborar estrategias y programas de prevención para reducir el riesgo de las lesiones de los participantes en el deporte infanto-juvenil.

3. Conocer sobre las medidas de primeros auxilios para proveer asistencia de los participantes en casos de lesiones menores.

4. Preparar un Plan de Acción en Situaciones de Emergencia (PASE) que sea previamente coordinado y viable sus procedimientos dentro de la organización deportiva.

5. Manejar con eficacia las situaciones de emergencia y poner en funcionamiento el Plan de Acción para la atención médica de los participantes lesionados.

3.1   Introducción

Una de las más importantes responsabilidades que asume el entrenador es proveer a los atletas de un entorno seguro para entrenar y competir. Este asunto que se conoce como la seguridad deportiva es cada vez más objeto de la atención de investigaciones y organizaciones profesionales sobre el cuidado de la salud. Así también como las legislaciones de los Estados para enfrentar el impacto de las lesiones en el deporte para niños y jóvenes.

Un panorama sobre la magnitud de las lesiones en el deporte, nos ofrece el informe de "Safety Kids World Wide", con el análisis estadístico de los casos de emergencia de tratamientos en hospitales de 1.3 millones de niños en los Estados Unidos para el año 2012.

Informe: Hallazgos Estadísticos 2012

Entre los hallazgos del informe se identifican que las lesiones deportivas más comunes son las torceduras o desgarres con el 33%, las fracturas con el 18%, las contusiones y abrasiones con el 16% y las conmociones y órganos internos con el 12%. Entre las cuatro lesiones deportivas más comunes se concentra el 79% de los tratamientos médicos para niños lesionados en las salas de emergencia de los Estados Unidos. Resultando que la más severa y grave de las lesiones sea la de conmociones cerebrales y órganos internos en los niños.

Tabla 1

Diagnósticos más Comunes sobre Lesiones Deportivas en Salas de Emergencia en EU

Diagnosis	Cantidad de lesiones	Porcentaje
Torceduras o desgarres	451,480	33
Fracturas	249,500	18
Contusiones y abrasiones	210,640	16
Conmociones y órganos internos	163,670	12
Laceraciones	85,560	7
Dislocaciones	33,300	3
Otras	14,330	11

Fuente: Safety Kids World Wide (2013)

El asunto sobre las lesiones de las conmociones cerebrales por grupos de edad se concentra casi la mitad entre los 12-15 años con el 47% y le sigue el de los 16-19 años con el 29%. Resultando ser en los grupos de edad sobre los 12-19 años más vulnerables de lesiones severas en cuanto a las medidas de prevenciones y la atención de situaciones en casos de emergencia para los participantes en el deporte con el 76% de los casos.

Tabla 2
Conmociones Cerebrales por Grupo de Edades

Grupos de Edad	Porcentajes
7 años o menos	5
8-11 años	19
12-15 años	47
16-19 años	29

Fuente: Safety Kids World Wide (2013)

Mientras las partes del cuerpo de los niños más afectadas por lesiones deportivas con doble dígito porcentual se identifican: el tobillo con 15%, la cabeza con 14% y los dedos con 12%. Resultando ser la más preocupante de las lesiones, dentro de las partes del cuerpo, la cabeza, por ser el área sensible con el de las conmociones cerebrales. La cabeza es el área corporal que requiere de mayor protección, por lo tanto, se requieren medidas de seguridad y atenciones en situaciones de emergencia para la práctica de los deportes con este riesgo.

Tabla 3
Partes del Cuerpo más Afectadas por Lesiones Deportivas en EU

Parte	Porcentaje
Tobillo	15
Cabeza	14
Dedos	12
Rodilla	9
Cara	7

Fuente: Safety Kids World Wide (2013)

Otro de los importantes hallazgos estadísticos del informe, consiste en haber identificado el caso de mayor incidencia de lesiones en las niñas en una proporción de 8 veces más que los niños con el tratamiento de la rodilla en el ligamento anterior cruzado. Este hallazgo plantea la necesidad de realizar futuras investigaciones para determinar las posibles causas entre ellas a considerar los factores hormonales o biomecánicos.

Uno de los aspectos de mayor preocupación en el análisis de las lesiones en las partes del cuerpo de los niños resulta ser la rodilla. Por su efecto de las lesiones con los niños en la rodilla es que podrían afectarse a largo plazo, ya que tienen diez veces más la probabilidad de desarrollar condiciones degenerativas como la artritis en su vida adulta.

Lesiones por el sobreuso y estadísticas de lesiones por deporte

El Informe pone en perspectiva para los especialistas de medicina deportiva, ante la creciente cantidad de intervenciones quirúrgicas en niños, participantes del deporte en los Estados Unidos, el problema de las lesiones por el sobreuso.

El Dr. James Andrews, que dirige la Asociación de Medicina Deportiva en los Estados Unidos, expresa que esa tendencia es preocupante y alarmante. Se requiere que padres y entrenadores comprendan que los niños necesitan un receso o descanso de la práctica en un deporte durante el año. Además, les recuerda que la práctica del deporte en los niños es para divertirse.

El Dr. Andrews ofrece estrategias utilizando como ejemplos para reducir el sobreuso en el béisbol las limitaciones de lanzamientos por juego y edad. Además de que se incluya las rotaciones de los lanzadores para jugar otras diferentes posiciones en la temporada. Resulta valioso que examinemos las estadísticas sobre el ratio de lesiones y las conmociones cerebrales por deporte. Estos datos nos ofrecen un retrato sobre el riesgo de las incidencias de lesiones y su necesidad de programas de prevenciones. El fútbol americano y la lucha olímpica resultan los deportes de mayor riesgo de lesiones en la práctica de los deportes.

Tabla 4
Lesiones por cada 100 Atletas Participantes y caso de Conmociones Cerebrales por Deporte

Deporte	Lesiones por cada 100 atletas	Conmociones cerebrales por cada 1000 atletas
Baloncesto	4	3
Balompié (soccer)	3	4
Fútbol americano	8	11
Voleibol	1	1
Béisbol	2	3
Softbol	2	2
Porrismo	2	3
Lucha	5	7
Hockey sobre hielo	2	6

Fuente: Safety Kids World Wide (2013)

Políticas Públicas para prevenir lesiones

El Informe destaca sobre la importancia de las legislaciones de los diferentes Estados y el Congreso Federal para prevenir lesiones, como reducir el impacto de las conmociones cerebrales en el deporte infantil de los Estados Unidos. Existen ya legislaciones en 48 estados sobre los asuntos con una serie de medidas de protecciones y procedimientos de exámenes médicos para restringir el retorno al juego de los participantes lesionados por conmociones cerebrales en el deporte.

Entre las medidas que se han legislado están:

- Requerimientos de exámenes médicos para una pre-participación y de post-conmociones cerebrales de atletas lesionados.

- Consentimientos escritos de padres y atletas sobre el riesgo de las conmociones cerebrales.

- Educación compulsoria anual para los entrenadores sobre los protocolos de situaciones de emergencia de lesiones por conmociones cerebrales de los niños y jóvenes participantes en deportes.

- Establecimiento de procedimientos para remoción inmediata de juego a los participantes con señales o síntomas de conmociones cerebrales.

- Estrictas medidas para recibir el visto bueno de las autorizaciones en participantes con lesiones de conmociones cerebrales en el regreso al entrenamiento y la competencia deportiva.

- Estrictas medidas para ampliar la cobertura de la legislación de los estados que incluye también las actividades deportivas escolares desde la educación primaria hasta la secundaria.

Entre las legislaciones más recientes del Congreso (2012) se encuentra el de supervisar el cumplimiento de estándares de calidad en las compañías de manufactura de los equipos y protectores de seguridad para los niños y jóvenes. Esa legislación provee sanciones en los casos de que no cumplieran con la calidad de los productos que exhiben en su publicidad.

Transformadores del Juego y la Cultura de Seguridad Deportiva

El Informe enfatiza que no se necesita esperar por una ley para tomar acción sobre la seguridad deportiva en las comunidades y escuelas. En el caso de las lesiones por conmociones cerebrales, las estadísticas reflejan que su incidencia es casi a diario. En este sentido, hay poca implantación de parte de padres y entrenadores para ofrecer soluciones prácticas que ayuden a la protección de las lesiones en niños y jóvenes en el deporte. Sin embargo, hay cada vez más atletas, padres y entrenadores en las comunidades que se esfuerzan por prevenir lesiones en el deporte.

El programa de "Safe Kids World Wide" recomienda cuatro estrategias para cambiar la cultura de la seguridad en el deporte infantil y juvenil.

1. *Conseguir educar padres, entrenadores, oficiales y atletas para prevenir lesiones severas en el deporte. Convertirse en aliados y socios para conocer cada vez más sobre la seguridad deportiva.*

2. *Aprender destrezas para prevenir lesiones mientras participan del deporte. Incorporar ejercicios de fortalecimiento y estiramientos de la cadera y rodilla. Prevenir las conmociones cerebrales con la enseñanza correcta de la posición y protección de la cabeza cuando tenga contacto en el juego. La hidratación en el entrenamiento y la competencia, como el descanso adecuado.*

3. *Fomentar que los atletas hablen abiertamente sobre las lesiones con los entrenadores y padres. Hay que reconocer las señales o signos de las lesiones para solicitar ayuda y reducir el daño posterior.*

4. *Apoyar a los entrenadores y oficiales en tomar las decisiones para prevenir las lesiones severas en el deporte. El entrenador deberá hacer frente a las presiones de los padres por mantener en el juego a los atletas aún lesionados, pero la seguridad es lo más importante para la salud del participante y que disfrute del juego.*

3.2 El Juego Inteligente: Estrategias y Programa de Prevención de Lesiones

El juego inteligente se conoce como el establecimiento de las Guías de Seguridad para los niños y jóvenes en la práctica del deporte. La Asociación de Medicina Deportiva de Australia es uno de los mejores ejemplos en el asunto de la educación sobre la seguridad deportiva. Su enfoque estratégico parte de la premisa de que la mitad de las lesiones en la actividad deportiva de los niños y jóvenes se pueden reducir con un buen programa de prevención. Debemos centrar la atención en proveer de un **entorno seguro** en el entrenamiento y la competencia como un requisito de la prevención de lesiones en el deporte.

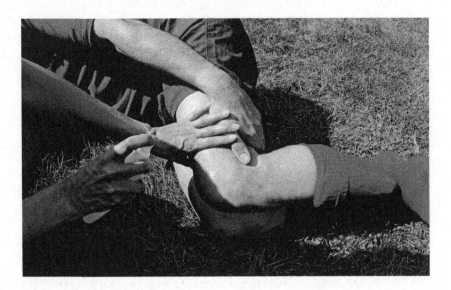

El Entorno Seguro

Uno de los aspectos a considerar del entorno son las **condiciones ambientales** que se desarrollan en el entrenamiento y la competencia. Esto supone el evaluar regularmente antes, durante y después de la actividad deportiva para ser modificada o cancelada cuando sea necesario por razones de seguridad y prevenir lesiones. El asunto particular del calor en la actividad deportiva son factores que requieren de medidas específicas de prevención como la hidratación adecuada y estar conscientes que sus efectos hacen vulnerables a los niños más que los adultos.

Otro aspecto del entorno es el relacionado con el uso de los **equipamiento**s en la actividad deportiva. Tenemos que entender la importancia sobre el uso apropiado y correcto de los equipamientos, ya que resulta esencial para reducir el riesgo de las lesiones. Por lo tanto, se requiere prestar una particular atención sobre los equipos, para la protección de las diferentes partes del cuerpo, como los cascos y los protectores bucales. Si los equipamientos están en buenas condiciones y una cantidad suficiente, como ser variados sus tamaños, para estar disponible su uso entre todos los participantes. Entre otros de los factores a considerar se incluye todo lo relacionado con la ropa deportiva de los participantes. Siempre la ropa deportiva de los participantes deberá ser la adecuada y los equipamientos de uso para fines de protección deberán cumplir con unos estándares mínimos de calidad.

Otro aspecto del entorno es el relacionado con las **instalaciones deportivas**. El escenario donde practicamos y competimos debe proveer las facilidades a los participantes que son necesarias por razones de seguridad e higiene. Su inspección deberá ser hecha regularmente por un personal capacitado en el área.

- Superficie del terreno y juego (condición razonable).

- Líneas demarcadas, el estado y alineamiento de porterías, los canastos, los postes de mallas, los bancos de los jugadores y la utilería.

- Luces, sonido, rotulaciones.

- Gradas para los espectadores.

- Baños, duchas, hidrantes, salones de cambio para ropa, salón de enfermería, el almacén de los equipos, panel de control pizarras electrónicas o manuales.

- Botiquín de primeros auxilios, camillas, muletas, etcétera.

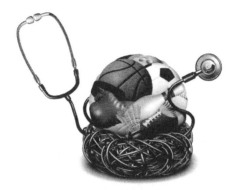

Condiciones de Pre-participación de los Jugadores

Examinar las condiciones médicas de los jugadores o atletas previos a su participación es un aspecto importante en la prevención de las lesiones. La exigencia de un certificado de su condición médica y que autorice su participación sin ninguna limitación de su esfuerzo en la actividad deportiva. El historial de salud es un pre requisito para la participación. Esto incluye también un breve historial de salud del participante que será parte de su expediente, junto con la póliza de seguro y el plan médico.

La información provista por cada participante deberá ser examinada por el entrenador y preferiblemente por personal autorizado que podría ser profesionales de salud (médico, enfermero, terapeuta). Mantener estos récords bajo custodia y uso de la confidencialidad debe ser garantizada en todo momento.

Tenemos que analizar la información de sus condiciones de salud y saber qué medidas deberíamos considerar para la prevención de las lesiones. Así como en caso de accidentes o lesiones de los participantes debe tener la información disponible a los profesionales de salud que lo reciban en una situación de emergencia como el caso de alergias y de condiciones de salud (asma, diabetes, epilepsia, etcétera).

Dos objetivos, tendrían que estar claro con el análisis del examen médico y el historial de salud, si el participante está físicamente apto para la práctica del deporte y en caso de una situación de lesión o emergencia que información resulta importante saber para ofrecer una mejor atención de su cuidado médico.

Control de la Sesión de Entrenamiento

Un aspecto que se minimiza en la prevención de lesiones es el que la sesión de entrenamiento sea bien planificada y estructurada en todas sus partes. Cuando no se hace un calentamiento adecuado podemos estar más propensos a lesiones en la parte principal como la falta de actividades compensatorias de enfriamiento por el impacto de las cargas de entrenamiento.

- Calentamiento
- Práctica de destrezas
- Actividades de acondicionamiento
- Enfriamiento

Si bien se minimiza el potencial de lesiones con una sesión organizada y que cumpla con todas sus partes, el sobreuso es una amenaza latente en la dosificación de las cargas de entrenamiento. La cantidad e intensidad del ejercicio debe ser adecuada para ayudar a prevenir las lesiones por sobre uso.

Unas expresiones que identifiquemos en los atletas en cuanto a las dolencias musculares en ligamentos y tendones podrían ser señales de sobre uso. Debemos entender que "más entrenamiento no significa que sea mejor" para los participantes.

Competencia Balanceada

La manera en que agrupamos a los niños y jóvenes en los deportes de contacto físico no siempre es el mejor camino para una competencia balanceada. Es importante reducir los riesgos de las lesiones utilizando el sentido común para conformar los grupos de competencia. Además de la edad cronológica o agrupar por edad, hay otras consideraciones a evaluar como el tamaño, el género, la fuerza, el nivel de destreza, la experiencia y la madurez.

Debemos ser cuidadosos agrupando los jóvenes participantes en la competencia con el criterio de la seguridad y el juego limpio en el deporte. Cuando seguimos las guías de seguridad por deporte se minimizan los riesgos de lesiones. Sin embargo, el ratio de las lesiones es más alto en deportes de contacto que los deportes de no-contacto, que supone aceptar que los beneficios de niños y jóvenes están lejos de superar el riesgo de la participación (véase tabla 4).

Programa de Prevención de Lesiones

Una de las más importantes responsabilidades como entrenador es ayudar a los participantes a prevenir lesiones en el deporte. Aunque ningún programa es perfecto, ya que las lesiones ocurrirán, aún con todas las medidas posibles y advertencias, debemos establecer un Programa de Prevención de Lesiones.

1. Tenga información del estado de salud de cada participante (examen médico, historial de salud, póliza de seguro y cubierta de plan médico).

2. Asegurar que desarrollan las aptitudes físicas de la flexibilidad, la fuerza y la resistencia según la etapa de su desarrollo.

3. Preste atención y cuidado a las pequeñas lesiones que podrían convertirse en mayores. Tenga preparado el botiquín de primeros auxilios, tome los cursos para atender apropiadamente esas lesiones menores o leves.

4. No deje que los participantes regresen a la actividad demasiado pronto. Asegúrese que ellos tengan un nivel de flexibilidad y fuerza suficiente, sin estar en una situación de dolor, además de estar psicológicamente preparados para el regreso al entrenamiento o competencia.

5. Inspeccione los participantes, los equipos y los materiales que sean apropiados antes de comenzar la práctica. Enseñe a los participantes como cuidar y mantener el equipo. Dicho equipo deberá ser inspeccionado durante la temporada y saber cuándo deberá ser reemplazado así cómo y dónde los padres podrán adquirirlos.

6. Anticipe los problemas de la práctica o en el escenario de la competencia. Inspeccione el área antes de empezar a utilizarla.

7. Consiga ayuda de personas capacitadas en la inspección de las instalaciones y equipos.

8. Consiga ayuda de otros entrenadores para balancear la competencia por la habilidad, pesos, tallas, y reúnase con sus colegas para discutir problemas de seguridad.

9. Mantenga récords de las lesiones que ocurren en el entrenamiento y la competencia. Vigile los patrones o tendencias de las lesiones que pueden ofrecer indicadores de sus causas.

Figura # 1
Juego Inteligente

3.3 Reconocer Lesiones Leves y Medidas de Primeros Auxilios

Para proveer la mejor ayuda posible a un participante lesionado el entrenador conocerá los procedimientos que deberán ser utilizados en una lesión o accidente. Ningún incidente podrá ser tratado como trivial, ya que toda lesión deberá atenderse con seriedad. Un acercamiento simple para el manejo de las lesiones es:

1. Avalúo de la seriedad de la situación.

2. Decida dentro de un apropiado Plan de Acción y cuando fuera necesario una llamada para asistencia médica (Plan de Acción en Situación de Emergencia).

3. Ofrecer adecuado tratamiento de primeros auxilios.

4. Re-evaluar y/o rehabilitar.

Evaluación de lesiones

Una manera de recordar los pasos en la valoración de las lesiones (cuando los atletas están conscientes) es continuar un procedimiento con el acrónimo en inglés (TOTAPS)

Hablar (Talk)

· Pregunte al atleta ¿qué le pasó?

· ¿Dónde es el dolor?

· ¿Si escucho cualquier sonido?

Observar (Observe)

- Mire cuidadosamente el área lesionada para identificar los efectos de hinchazón, zona enrojecida, o cualquier otra anormalidad comparada con el otro lado en buen estado.

Tocar (Touch)

- Generalmente palpar (sentir) el área lesionada y observar al atleta para cualquier reacción de dolor.

Movimiento Activo (Active Movement)

- Pregunte al atleta si puede mover la parte del cuerpo lesionada sin ayuda.

Movimiento Pasivo (Passive Movement)

- Si el atleta es capaz de mover la parte del cuerpo lesionada, intente tomar el área afectada con ayuda para poder realizar el rango del movimiento completo.

Test sobre destreza (Skill Test)

- Si ninguno de los anteriores procedimientos resulta en molestia o dolor el atleta debe ponerse de pie y preguntarle si puede realizar las destrezas (test destreza) requeridas por el deporte, comenzando con la de menor demanda y finalizando con la más compleja.

Lesiones leves

Las lesiones clasificadas como leves o ligeras incluyen: esguinces, torceduras, contusiones y heridas. Éstas comprenden cierto daño a los músculos, los tendones, los ligamentos, las coyunturas y la piel, como cualquiera de las anteriores, pero con la excepción de los huesos.

Las lesiones de abrasiones o heridas deben ser atendidas lo más pronto posible. El cuidado debe ser la limpieza del área afectada para prevenir cualquier infección que puede afectar la participación de los atletas en el deporte y extenderse la infección en otros participantes.

La ruptura de tejido blando asociado con muchas lesiones en el deporte incluye vasos sanguíneos alrededor del área lesionada. La sangre y otros fluidos concentrados en el área causan la hinchazón, los hematomas y las decoloraciones. Parar el sangrado tan pronto sea posible es un importante paso en limitar la cantidad de hinchazón, el dolor y la pérdida de función en el área afectada.

Inmediato cuidado de lesiones leves

La asistencia de lesiones leves con tratamiento de primeros auxilios son para:

- Prevenir cualquier daño a los tejidos

- Reducir la hinchazón y aliviar el dolor

- Prevenir la perdida de movimiento

Figura #2
Botiquin de Primeros Auxilios

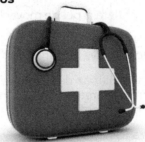

Los pasos que comprenden un tratamiento inicial de lesiones leves se conoce por sus siglas en inglés de R-I-C-E.

Descanso (Rest)

Si un atleta ha sufrido una lesión debe ser removido de la actividad inmediatamente para iniciar su tratamiento. Un atleta lesionado que continua jugando para la mejora del rendimiento de su equipo y su persona, podría aumentar el riesgo de mayor daño como la necesidad de más tiempo de recuperación.

Hielo (Ice)

Aplicar hielo en el área lesionada es importante para mantener el mínimo de la hinchazón. En adición el frío ayuda a neutralizar el dolor. El hielo debe ser aplicado lo más pronto posible sea por pedazos picados, la inmersión de bolsas con agua helada o tapas congeladas. Como siempre deberán recordarse algunos consejos:

- No aplique directamente hielo en la piel que puede estar quemada deberá cubrirse con una toalla o vendaje para su compresión.

- Aplicar hielo no más de 20 minutos de duración por cada 2-3 horas en las primeras 24 horas de la lesión.

- No deberá aplicarse hielo en heridas abiertas o en atletas que tengan problemas circulatorios.

Compresión (compression)

La compresión es el más efectivo paso en parar el sangrado, reducir la hinchazón y el principal factor en limitar el daño causado por la lesión. Aplicar con una banda elástica firmemente que cubra el área afectada. El hielo puede ser aplicado también bajo el vendaje.

Elevar (Elevation)

Elevar la parte lesionada por debajo del nivel del corazón revierte el proceso del flujo de la sangre por causa de la gravedad, permitiendo que el mínimo de sangre y fluidos se concentren. La cadera debe mantenerse elevada al tiempo que se aplica el hielo hasta cuando sea posible.

Tratamiento de Lesiones Menores

El sangrado de la nariz es una de las más comunes lesiones de los participantes. Debemos rápidamente aplicar una presión en la nariz. Las causas pueden ser por golpes o choques con impactos, alergias o el sangrado de una vena en la nariz.

Es importante usar guantes desechables para prestar atención y cuidado con lesiones de la sangre y otros fluidos en los participantes.

Algunas de las acciones a tomar cuando se presenta esta lesión son:

- Sentar el participante lesionado con la cabeza hacia delante la parte suave de la nariz con fijar sus dedos del pulgar y el índice en esa posición por cinco minutos.

- Aconseje al atleta a respirar por la boca y debe corroborar que los fluidos de la nariz se limpien para evitar náuseas.

- Puede aplicarle hielo en la nariz para reducir la hinchazón.

- Si no para de sangrar en cinco minutos vuelva a repetir la acción por cinco minutos más.

Ampollas

Las ampollas son causadas por irritaciones o fricciones de la piel por el efecto del calor, fricción del calzado, ropa o equipamiento. El calor de la fricción causa en la piel pérdida de fluidos que se configuran con erupciones en forma de burbujas. Usualmente, no requiere tratamiento ya que reventarlas incrementa los riesgos de infección.

Si las ampollas se revientan mantenga el área limpia con antisépticos y protegidas con unas bandas protectoras diariamente.

Rasgaduras y cortes menores

- La principal ayuda de tratamiento es prevenir infecciones.

- Esto usualmente requiere de áreas a ser limpiadas con toallitas esterilizadas y gazas.

- El área debe ser cubierta con bandas protectoras.

- Deben ser cambiadas diariamente.

- Recuerda siempre usar guantes desechables.

Figura #3
Programa Atención de Lesiones

3.4   Preparación de un Plan de Emergencia

El propósito es conseguir una atención o cuidado profesional para atender un participante lesionado tan rápido como sea posible. Si el entrenador no ha recibido entrenamiento especializado en técnicas avanzadas de primeros auxilios, debe dejar a su cargo a profesionales de la salud.

Debe haber desarrollado un Plan de Emergencia antes del inicio de la temporada. Por lo tanto el plan consiste de información sobre la localización, los teléfonos, la dirección del sitio, nombres de las personas, como la designación de la persona a cargo y la persona designada para hacer las llamadas.

La persona a cargo de la situación de emergencia debe tener entrenamiento para atender el caso de lesiones. Si no tiene esta persona en el equipo y nadie asume ese rol, la responsabilidad es del entrenador.

Responsabilidades de la persona a cargo en situaciones de emergencia

Una persona a cargo no debe forzar a mover los participantes innecesariamente. Debe ser guiado por el principio de NO HACER MÁS DAÑO. Si la persona está respirando y el sangrado no es serio, debe tomar tiempo para completar los procedimientos tanto como no sea un riesgo de la lesión.

Acciones de la persona a cargo:

· Tome control y evalúe la situación en contacto con el participante lesionado.

· Instruir a los demás participantes y otras personas que dejen libre el espacio al participante.

· Asegúrese si el participante puede moverse o no.

· Ajustar el equipo del participante en el lugar.

· Avalúo de la lesión y determinar qué tipo de asistencia es requerida.

· Decidir cómo mover al participante si una ambulancia no fuese necesaria.

· Notificar a una persona si la ambulancia fuera necesaria y describir la lesión.

· Observar cuidadosamente al participante para cualquier cambio de la condición y asegurarse de compartirlo con la persona en contacto de ayuda profesional cuando llegue.

·

La persona encargada de llamar tiene las siguientes tareas:

· Un Pre-plan es esencial particularmente si la instalación deportiva esta en lugar lejano o en edificios que uno no esté familiarizado. Debe saber la localización de todos los teléfonos del lugar. Disponibilidad de teléfono móvil para llamar en cualquier momento.

· Preparar una lista de los números telefónicos de ambulancias, policía, bomberos, doctor, manejo de emergencias, etcétera, en una tarjeta que debe estar accesible a la mano. Puede ser registrado en el teléfono móvil en la sección de directorio o contactos.

· Saber físicamente la dirección de la instalación deportiva con el mejor acceso para orientar la llegada del personal que prestará asistencia en situación de emergencia. La exacta localización debe ser colocada en la tarjeta en la parte de atrás para que en momentos de gran tensión podamos proveer la información más precisa. Si aprovechamos la tecnología debemos colocar la localización de la instalación en su portal electrónico y en redes sociales para una referencia inmediata.

- Proveer al coordinador de la ambulancia de la información necesaria. La información incluye un estado sobre la situación de emergencia que existe y describir la naturaleza de la emergencia. Número de teléfono, acceso al lugar y tiempo de llegada.

- Asignar una persona en todo momento para estar en comunicación con el teléfono.

- Informar a la persona a cargo de la emergencia de que la ambulancia ha sido llamada con el tiempo estimado para su llegada.

- Facilitar el acceso principal para la entrada y espera del vehículo de emergencia.

La persona a cargo debe acompañar al participante lesionado al hospital y asegurarse de proveer la información del participante, historial médico y de las circunstancias de la lesión.

Identificar Situaciones de Emergencia

Es muy importante para el entrenador saber exactamente cuando ocurre una lesión para poner en acción el Plan de Emergencia.

Los tipos de lesiones clasificadas como de emergencia son:

1. Conmociones cerebrales

2. Lesiones de espalda y cuello

3. Lesiones con sangrados profusos

4. Fracturas

5. Deshidratación por condiciones de exposición extrema en el calor

3.5   Regreso al Entrenamiento y la Competencia

Antes de que los participantes puedan regresar al entrenamiento y la competencia luego de una lesión deben estar completamente recuperados. Esto significa que la lesión sufrida no recibirá daño adicional. Una completa rehabilitación es:

- 100% de rango de movimiento

- 100% de retorno de la fuerza

- Ausencia de dolor o molestia

- Preparado psicológicamente

- Habilidad para ejecutar las destrezas requeridas en la actividad deportiva.

Para determinar si el participante está listo para su regreso al entrenamiento y a la competencia usted deberá hacer lo siguiente:

- Haga que ejecute simple movimientos que requieran durante la actividad. Comenzando con los más fáciles y progresivamente hasta los más difíciles, siempre que no resulte en dolor o alterar funciones.

- Pregunte al participante cómo se siente al ejecutar las destrezas y también cómo siente la parte lesionada. Coteje cualquier gesto o señal de miedo o aprensión de que no está apresto.

- Si usted tiene alguna duda razonable de que el participante no está preparado para el regreso del entrenamiento y la competencia, debe referirse para una atención o examen médico.

Debemos enfatizar con la seguridad deportiva que:

- Estar preparados en cualquier momento para atender situaciones de emergencia y lesiones menores.

- Tener el historial médico de cada participante.

- Tener un plan de acción en situaciones de emergencia.

- Contar con persona con destrezas y capacitados para ofrecer primeros auxilios y atender las situaciones de emergencia.

Finalmente queremos dejar claro que esta lección sobre seguridad deportiva no califica a ningún entrenador para ser certificado en proveer asistencia en primeros auxilios. Se recomienda que todo entrenador tome las capacitaciones de primeros auxilios, vendaje y resucitación cardiopulmonar.

Diez Consejos para el manejo de Riesgos

1. Clubes, escuelas, organizaciones deben asegurarse que identificará, manejará y supervisará los riesgos de las actividades recreativas y deportivas.

2. Se estima que el 50% de las lesiones deportivas pueden evitarse.

3. Los entrenadores deben tener la certificación de los cursos de primeros auxilios por las organizaciones nacionales para su deporte.

4. Se recomienda tener un ayudante capacitado en primeros auxilios en eventos deportivos donde los participantes tengan 16 años o menos, y un terapeuta atlético debe estar en un evento cuyos participantes tengan 16 años o más.

5. Equipamiento apropiado, protectores y vestimenta adecuada deben ser utilizados todo el tiempo.

6. Antes de iniciar una práctica o un evento deportivo debe inspeccionar el entorno, las instalaciones y facilidades confirmando que el escenario es seguro para los participantes.

7. Todos los entrenadores y educadores físicos deben tener bajo su cuidado y accesible el historial médico y consentimiento escrito de los participantes.

8. El calentamiento, enfriamiento y estiramiento debe ser incluido como actividades antes y después de la participación deportiva, ya sea una práctica o una competencia.

9. Las actividades de los niños deben ser bien planificadas y su progresión debe ir de lo fácil a lo difícil.

10. Para reducir la probabilidad de lesiones, debemos agrupar por niveles de madurez física y mental de los niños como la complejidad de las destrezas y las reglas del juego.

Síntesis

· Una de las más importantes responsabilidades que asume el entrenador es proveer a los atletas de un entorno seguro para entrenar y competir.

· Es necesario establecer guías de seguridad para los niños y jóvenes en la práctica del deporte.

· Debemos centrar la atención con un enfoque estratégico en proveer un entorno seguro, mediante el considerar las condiciones ambientales, el uso de equipamientos, las instalaciones deportivas, las condiciones de pre-participación de los jugadores, el control de la sesión de entrenamiento y la competencia balanceada.

· El entrenador para proveer la ayuda a un participante lesionado deberá reconocer las diferentes tipos de lesiones entre leves o severas.

· El entrenador deberá preparar un plan de emergencia antes del inicio de la temporada para atender un participante lesionado tan rápido como sea posible.

· El entrenador debe ser capaz de evaluar si el participante está listo para su regreso al entrenamiento y la competencia.

Auto-Evaluación

1. Mencione las medidas de un programa de prevención de lesiones.

2. Explique cómo se debe preparar un PLAN DE EMERGENCIA.

3. Clasifique las lesiones en leves o de emergencia.

4. Discuta las condiciones para autorizar el regreso de un atleta lesionado al entrenamiento y a la competencia.

Referencias

1. Game Changers, (2013), Safe Kids World Wide, Johnson & Johnson.

2. Safety Guidelines for Childrens and Young People in Sport and Recreations Sport Medicine Australia (2013).

3. Sport Safety (2013), Modele Eight New Zeland.

4. Coaching Theory, (1982), "Sport Safety", Coaching Association of Canada.

Lección 4

Crecimiento y Desarrollo

Lección 4

Crecimiento y Desarrollo

Resumen

El propósito de esta lección es que el entrenador comprenda la importancia del crecimiento y desarrollo de los niños en el diseño del programa de entrenamiento deportivo. Para ello el entrenador deberá entender los Principios del crecimiento y desarrollo de los niños. El entrenador podrá discutir los más importantes hallazgos en los ámbitos del desarrollo humano: físico, psicosocial y cognitivo. El entrenador reconocerá en cada etapa del desarrollo sus implicaciones para el deporte infanto-juvenil. El entrenador elaborará estrategias de entrenamiento compatibles con el crecimiento y desarrollo de los niños mediante las necesarias adaptaciones al deporte.

Objetivos

1. Definir los términos básicos de crecimiento y desarrollo en los niños.

2. Entender los principios para el crecimiento y desarrollo de los niños.

3. Discutir los más importantes hallazgos del crecimiento y desarrollo de los niños en los ámbitos de dominio: físico, psicosocial y cognitivo.

4. Reconocer en cada etapa del desarrollo sus implicaciones para el deporte infantil y juvenil.

5. Elaborar estrategias de entrenamiento adecuado para apoyar el crecimiento y desarrollo de los niños.

4.1   Introducción

Los cambios que ocurren cuando los niños crecen y se desarrollan afectan cada aspecto de la actividad deportiva. Todo entrenador deberá conocer como estos cambios ocurren en las diferentes etapas del desarrollo y sus efectos en el rendimiento en el deporte. Los niños pasan por cambios del desarrollo físico que influyen en la capacidad de rendimiento de las destrezas y en el desarrollo emocional que afectan la clase de competencia que los participantes pueden ser capaces de realizar. En este sentido resulta fundamental la premisa de que "se adapte el deporte a las diferentes etapas del desarrollo de los niños" que hacer lo contrario con "los niños de adaptarse al deporte como si fueran adultos".

Por lo tanto, resulta importante que al planificar las actividades, se considere en los niños su desarrollo en los ámbitos físico, emocional, cognitivo y social. Tenemos que hacer esas adaptaciones en el deporte para llevar en la ruta correcta del progreso a los niños.

En el estudio del crecimiento y desarrollo debemos estar familiarizados con ciertos términos y hallazgos. Estos términos tenemos que definirlos para su mejor comprensión. En primera instancia, el relacionado con la edad, debemos diferenciar la edad cronológica de la edad biológica, como la edad para el desarrollo de las destrezas y capacidades.

- Edad cronológica: edad medida en **los años de calendario** de las personas desde su nacimiento hasta el momento.

- Edad biológica: es una medida de la madurez física o de apariencia con ciertas características secundarias que establecen haber alcanzado una **etapa del desarrollo** pre-puberal, puberal y post-puberal.

- Edad desarrollo: edad medida en términos de la **capacidad de rendimiento** de tareas o destrezas específicas.

En segunda instancia, debemos diferenciar los conceptos de crecimiento y maduración. El crecimiento es cambio físico y la maduración de cambios genéticos programados. Ambos cambios se manifiestan con la adaptación para el desarrollo de las capacidades.

- Crecimiento: incrementos físicos y **cambios en el cuerpo** o dimensiones que ocurren como parte del proceso de maduración. El crecimiento es complicado porque diferentes partes del cuerpo crecen a diferentes ritmos y el periodo que se inicia y finaliza es en tiempos diferentes.

- Maduración: series de **cambios genéticamente programados** que ocurre pero con grandes diferencias individuales. Estos cambios ocurren en una misma secuencia para cada niño, pero con grandes diferencias individuales cuando la pubertad se alcanza, en cuanto tiempo toma (18 meses a 5 años) y en la proporción que ocurre en el crecimiento de los adolescentes.

·   Adaptación: ocurre como resultado de los **factores externos** más que los genéticos.

Por ejemplo: el incremento de la talla que es continuado con el peso corporal para favorecer el crecimiento y el desarrollo de la fuerza con la actividad física.

4.2   Crecimiento y Desarrollo de los Niños

¿Por qué estudiar el crecimiento y el desarrollo de los niños? El crecimiento y el desarrollo de los niños no es un tema que sea bien entendido por los entrenadores. Aunque su temática ha sido objeto de discusión por diferentes disciplinas en las ciencias del deporte (fisiología, psicología, sociología y pedagogía, etcétera) que puede ayudar a los entrenadores con el conocimiento para trabajar efectivamente con los niños y jóvenes.

Primero, nos ayudan a entender dos premisas fundamentales para orientar racionalmente el crecimiento y el desarrollo:

1. Que dos personas no son exactamente iguales (individualización).

2. Que los cambios en los individuos son relativamente predecibles al

tener mayor edad (secuencia en desarrollo).

Gráfico #1
Características del Desarrollo

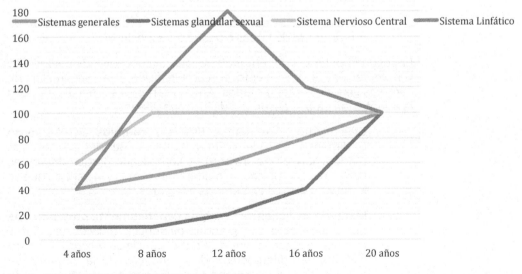

Fuente: Willimczick & Roth, 1983: Martin,et.al, 2004:39

Es importante recordar que los niños no son adultos en miniatura. Los niños se desarrollan dentro de una secuencia y fases predecibles desde la infancia hasta ser completamente adultos. Como bien se refleja en el gráfico 1 sobre la evolución de los sistemas generales.

Entre algunos de los aspectos que podemos constar en su crecimiento y desarrollo es que:

- Durante la fase de la niñez previo a la pubertad, los niños crecen en promedio cerca de 2.5 pulgadas y ganan 5 libras de peso al año.

- El pico más alto de velocidad en el crecimiento (conocido popularmente como el estiramiento) ocurre durante la pubertad.

- Las niñas alcanzan el estiramiento entre las edades de 11-13 años y los niños entre los 13-15 años.

Las diferencias de género dentro del crecimiento y desarrollo contribuyen a la diferencia global de la talla y las dimensiones del cuerpo de las niñas y los niños. Estos cambios están fuera del control de los niños y pueden impactar el rendimiento. El ratio del crecimiento es similar entre los niños y las niñas. La diferencia es en el punto de la maduración con la pubertad es que las niñas crecen más rápido que los niños. Mientras que los niños tienen mayor crecimiento en la final de la etapa de maduración.

Varias investigaciones parecen reiterar que los niños con rendimiento deportivo fuera de liga en la temprana edad lo alcanzan por tener un mayor nivel de maduración biológica. Pero, sólo apenas una cuarta parte mantiene posteriormente ese nivel y esto sugiere que el éxito o rendimiento temprano o precoz no es un predictor del rendimiento. Dicho de otro modo, en términos estadísticos, tres de cada cuatro de los atletas elites en el deporte del alto rendimiento no ha sido un atleta fuera de serie o destacado en la etapa infantil.

El cambio hacia la adolescencia con la pubertad marca un rápido crecimiento físico que afecta el rendimiento en el deporte. La diferencia entre la edad cronológica de los niños con la edad biológica podría alcanzar hasta cinco años. Resultando ser la etapa de las edades entre los 10-15 años con las de mayores diferencias biológicas en el desarrollo de las personas que en cualquier otra etapa de su vida.

Una de las más importantes implicaciones para el deporte es que la edad cronológica es una limitación para determinar el estado del desarrollo de los niños y jóvenes. No podemos juzgar las destrezas o habilidades en competencias por el criterio de la edad cronológica sin una valoración de su etapa de desarrollo o madurez biológica.

Esto plantea importantes retos al entrenador para el entrenamiento y las competencias de los niños.

- Ser cuidadosos con los niños y jóvenes que su maduración es tardía o retrasada, ya que pueden estar en desventaja en las competencias con otros participantes, porque están basadas en la edad cronológica.

- Alentar y motivar a los niños y jóvenes con maduración tardía que, a pesar de su actual estado de crecimiento, puede ser diferente más adelante con la llegada de la pubertad.

Podemos citar dos ejemplos de atletas elites con maduración tardía: los casos de Michael Jordan en baloncesto y Leonel Messi en fútbol. Jordan con una estatura de 5'9" en la Escuela Superior no hizo el equipo y Messi que tuvo problemas de crecimiento en la niñez porque tenía deficiencias en la hormona del crecimiento humano, condición que padece un niño entre doce mil. Sin embargo, a pesar de su maduración tardía alcanzando su desarrollo se convirtieron en grandes atletas.

Otros aspectos que deberá considerar el entrenador son que:

- Las actividades deben ser organizadas para proveer experiencias positivas de todos los niños y jóvenes sin el desarrollo o promoción de su estatus atlético.

- Los niños y jóvenes con sus padres deberán enfocarse en la mejora y superación personal, y no compararse con otros de la misma edad.

- El resultado para el futuro éxito en el deporte infantil y juvenil se basa en ofrecer oportunidades de realizar su potencial y ampliar su talento.

4.3   Principios del Crecimiento y el Desarrollo

Entendemos como principios una serie de pautas que resumen la dinámica del crecimiento y el desarrollo de los niños.

1.   El Desarrollo de los Niños es Multidimensional

Los niños se desarrollan en tres áreas o ámbitos que los expertos (Berk, 2008) se refieren como "dominios" del desarrollo. Estos dominios interactúan unos con otros y uno de los dominios puede tener una mayor influencia dentro de otros.

- *Desarrollo Físico*: cambios del cuerpo en el tamaño, dimensiones, apariencia y funcionamiento de los sistemas orgánicos, capacidades perceptivas, motrices, aptitud física relacionada con la salud.

- *Desarrollo social/emocional*: cambios dentro del niño en cuanto a la manera de enfrentar al mundo que incluyen entendimiento y expresiones emocionales, conocimiento acerca de los demás, destrezas de relaciones interpersonales, confianza en sí mismo, amistad, razonamiento moral, comportamientos.

- *Desarrollo cognitivo*: cambios en las habilidades intelectuales, que incluye aprendizaje, memoria, aprendizaje, pensamiento, resolución de problemas, creatividad y desarrollo del lenguaje.

2. El Desarrollo de los niños ocurre en una secuencia predecible (orden)

Aunque puede haber excepciones, los niños crecen y se desarrollan normalmente, ya que ocurre de una manera predecible a través de varios de los dominios (cambios similares ocurren por intervalos). Esto no significa que todos los niños logran similar rendimiento en el desarrollo al mismo tiempo. Cada niño es una persona única con su propia personalidad, carácter, con estilo de aprendizaje y trasfondo familiar.

Siempre será variado el desarrollo de niño en niño. El desarrollo de mapas conceptuales por hitos o etapas no debe ser interpretado de una manera rígida. Ellos son herramientas que proveen a los entrenadores y padres una idea o tendencia sobre el desarrollo en la vida del niño dentro de un rango de edad. Como siempre los padres deben estar conscientes que si el niño no alcanza cierto desarrollo en una etapa durante el rango de edad, quizás podría ser una señal de problemas, debe ser evaluado por un pediatra o especialista.

3. El Desarrollo de los niños es afectado por experiencias tempranas

Está bien fundamentado que las experiencias tempranas en los niños pueden tener un efecto decisivo dentro de su desarrollo. Estas experiencias, dependerán si fueron positivas o negativas, puede facilitar o dificultar el desarrollo de la salud. Los investigadores han descubierto que estos son "periodos óptimos", también conocido como "fases sensibles" y recientemente como "ventanas de oportunidades" para adquirir ciertos conocimientos y destrezas. Entre éstos de un buen cuidado prenatal, con una afectiva crianza y una positiva estimulación desde el nacimiento proveen el entorno óptimo para el desarrollo de los niños.

4. El desarrollo de los niños ocurre dentro de un contexto amplio

Los padres son las personas que más influyen en las vidas de sus hijos. Al mismo tiempo, es importante reconocer el hecho de que unas fuerzas externas pueden jugar un rol prominente. Por ejemplo, al crecer los niños, sus pares incrementan su nivel de influencia. Los padres deben ser monitores activos y supervisar los niños todo el tiempo, que incluye saber dónde está y con quién.

Esto no significa que el deseo de la independencia o autodeterminación de los niños deba ser reprimido o inhibirse, sino que los padres deben fomentar un balance entre la mayor independencia del niño, como vaya creciendo con el hecho de mantener la autoridad paterna.

5. El desarrollo de los niños depende de la interacción de los genes y el ambiente

Por décadas se ha discutido entre los investigadores y científicos sobre la prominencia en el desarrollo de los niños del factor genético (padres) y el factor del ambiente. Hoy parece haber consenso de los estudiosos de que el desarrollo de los niños depende dentro de las interacciones entre los factores genéticos y ambientales. El factor genético obviamente establecerá los limites en ciertos aspectos del crecimiento (talla, peso y otras características físicas), mientras que en otras áreas el ambiente ejercerá una influencia decisiva entre el proceso de desarrollo. El ambiente en el desarrollo del niño como una nutrición prenatal, la calidad de la relación con los padres, la composición familiar, la seguridad de la comunidad, la escuela, ejercen su influencia en cada persona.

4.4 Etapas del Desarrollo del Niño

En el entrenamiento de los niños y jóvenes adquiere una gran importancia establecer en cada participante su etapa evolutiva del desarrollo con respecto a la pubertad. La pubertad representa un cambio radical en el desarrollo psicofísico del niño hacia la adolescencia entre las edades de 12-16 años que no tiene comparación con los cambios en grupos de edad similar posteriormente en su etapa adulta.

Esto significa que las diferencias entre los niños fisiológicamente más maduros con igual edad podrían alcanzar hasta unos 5 años (Weineck, 1988). Expresado de otra manera podemos tener niños con la misma edad cronológica, pero con diferente edad biológica. La causa que explica esta dinámica es el hecho de que la pubertad tiene ritmos de aparición para cada niño.

Las distintas apariciones de la pubertad se pueden clasificar en tres categorías: normal, precoz y tardío. Normal es cuando aparece la pubertad en los niños entre las edades cronológicas establecidas como promedio. Precoz es cuando la pubertad esta adelantada a la edad cronológica promedio. Tardía es cuando la pubertad está atrasada por uno o varios años a la edad cronológica promedio.

Tabla 1 Etapas del desarrollo según la pubertad

Género	Pubertad Precoz	Pubertad Normal	Pubertad Tardía
Niñas	10 <	11-13 años	14 >
Niños	12 <	13-15 años	16 >

Fuente: Varios Autores

Hemos definido la pubertad como el proceso de desarrollo donde podemos clasificar a cada participante entre la etapa: pre-puberal, puberal y post-puberal.

- Pre-puberal: se clasifican los niños que no han alcanzado todavía la pubertad.

- Puberal: se clasifican a los niños que han alcanzado la pubertad.

- Post-puberal: se clasifican a los niños que han superado la duración de la pubertad (6-18 meses) ya convertido en un adolescente.

-

La Escala de Tanner

Se conoce como la Escala de Tanner que mide el desarrollo físico de niños, adolescentes y adultos basados en características sexuales secundarias, tales como el vello púbico, el tamaño de los pechos y genitales.

Dada la variación natural, los individuos pasan a través de las etapas de Tanner a ritmos diferentes sobre todo en la pubertad se utiliza para determinar su desarrollo pre-puberal, adolescente y adulto.

Estadio I= pre-puberal (10 años o menos)

Estadio II= puberal (10-11.5 años)

Estadio III= puberal (11.5-13 años)

Estadio IV = adolecentes (13-15 años)

Estadio V = adultez (15 años o más)

Resulta sumamente útil disponer de las escalas para una clasificación de cada niño o niña el determinar su estadio en el desarrollo.

Fases Deportivas

Cada una de las etapas evolutivas supone una maduración en el desarrollo de los niños y jóvenes en sus dimensiones físicas, cognoscitiva y social.

En diversos programas de certificación de entrenadores se ha clasificado para mayor facilidad en tres fases, aunque con distintos nombres, que resumen las etapas evolutivas con ciertos rangos de edad y que corresponden con una finalidad del desarrollo deportivo.

1. **Fase Participativa/Instructiva**: el periodo de tiempo corresponde aproximadamente de 6-11 años de edad, durante el cual los individuos participan en variados deportes y actividades, aprenden e interactúan con sus pares. Durante esta fase los participantes:

   · Adquieren las destrezas físicas, cognitivas y sociales necesarias para competir en juegos

   · Comienzan a entender la idea, función y la naturaleza del arbitraje en las reglas del juego

   · Incrementan sus destrezas perceptivas motrices, como la coordinación de ojo y mano

   · Aprenden a interactuar con sus pares

   · Empiezan a desarrollar un auto-concepto sobre ellos mismos

   · Desarrollan un sistema de consciencia, moralidad y juicios de valor

2. **Fase Transicional**: el periodo de tiempo comprende de los 11-15 años de edad, durante el cual los participantes hacen una transición de la niñez a la adolescencia. Durante esta fase se dan los mayores cambios en los dominios físicos, social, cognitivo y emocional que afectan todos los aspectos de la vida, incluyendo su participación en el deporte. Durante esta fase los participantes:

   · Adquieren el desarrollo social, cognitivo, de lenguaje, y las destrezas motoras necesarias para la participación individual o grupo.

   · Se adaptan a los cambios psicofísicos que afectan su cuerpo.

   · Establecen un sentido de independencia y pertenencia.

· Adquieren conceptos morales, valores y actitudes que hacen posible relacionarse significativamente con la sociedad.

· Participan en el deporte competitivo, aunque la competencia de manera intensiva no es recomendada hasta la última fase.

Tabla 2
Escala de Maduración

Edad	Niños %	Niñas %
18	99.6	100
16	97.1	99.6
15	94.6	99.3
14	91.0	98.3
13	87.3	96
12	84	92.6
11	81.3	88.5
10	78.4	84.8
9	78.6	81.2
8	***	***

Fuente: Malina and Bouchard (1991) citado por Del Río, Luis (1997) en Diagrama de Programa Integrado: Educación y Recreación y Deportes

3. **Fase participativa/competitiva**: el periodo de tiempo que va de los 15 años de edad en adelante, durante el cual los sujetos progresan hacia el deporte de los adultos. Las destrezas completas son desarrolladas y la competencia es más frecuente y de mayor reto que en las fases anteriores. Durante estas fase los participantes:

· Alcanzan la completa madurez ósea y la talla final (20-23 años).

· Mejoran las destrezas de comunicación y socialización.

· Se convierten en más independientes.

Las diferencias individuales son ampliamente diversas debido a la variedad de los ritmos en el crecimiento de los niños y jóvenes. Como puede verse con respecto a las diferencias de la talla y el peso con niños de similar edad. Mientras los niños crecen hacia la adolescencia y las diferencias individuales aumentan.

Figura #2
Fases Deportivas

Fase Participativa (6-11años)	•participar en varios deportes •adquieren destrezas para jugar más que competir
Fase Transicional (11-15 años)	•mayores cambios desarrollo físico, social y cognitivo •desarrollo destrezas del deporte y participan más de la competencia
Fase Competencia (mayor de 15 años)	•se alcanzar la madurez física (ósea, muscular, sexual) •más frecuente e intensa la competencia •destrezas son ampliamente desarrolladas

4.5   Implicaciones del crecimiento y desarrollo en el deporte

El crecimiento y desarrollo de los niños tiene implicaciones en el deporte. Podemos establecer dentro del deporte unas tres áreas de mayor influencia con el entrenamiento, la competencia y el desarrollo de talento.

Entrenamiento/práctica

La parte más importante de la participación deportiva son los beneficios de la actividad física que ofrecen al desarrollo y crecimiento de los niños y jóvenes. En particular con el desarrollo de un estilo de vida activo y la salud para combatir el sedentarismo. Sin embargo, resulta importante recordar que los niños y jóvenes se diferencian de los adultos en la calidad de los tejidos y estos no son capaces de realizar los mismos niveles de esfuerzos o estrés en el ejercicio.

Consecuentemente con esta premisa debemos entonces orientar el entrenamiento para los niños y jóvenes con una serie de actividades limitadas en su impacto. Las lesiones pueden ocurrir ocasionalmente, pero con alcance usualmente reversible. Esto tiende a ser más propensos a los niños de lesiones durante los periodos de crecimiento cuando los tejidos son más vulnerables.

El problema de las lesiones más comunes es con los tejidos blandos (músculos, ligamentos y tendones) por causa de trauma o sobreuso. Otros problemas, pero menos comunes son:

(1) los riesgos de fractura durante el crecimiento cuando los huesos se alargan y son relativamente porosos

(2) lesiones en el plato de crecimiento de los huesos causados por altos impactos de la fuerza o repeticiones de cargas en unos deportes.

Otra área que se requiere atención es el relacionado con el gasto energético en actividades de entrenamiento intenso acompañado de reducción en la alimentación podría producir una disfunción menstrual de las niñas y la pérdida de hueso. Esto conlleva incrementar los riesgos de fracturas por estrés a corto plazo y en la adultez con osteoporosis.

Por lo tanto, se requiere a los niños y jóvenes que tengan una **nutrición saludable** para contar con suficiente energía hacia el entrenamiento, como uno de los aspectos muy importantes en prevenir un impacto negativo en el crecimiento y la maduración.

Por razones de seguridad de los participantes un entrenamiento intensivo debe ser planificado y dirigido por entrenadores cualificados para atender las necesidades individuales.

- Diseñar el entrenamiento alrededor de las necesidades hacia un desarrollo integral para niños y jóvenes considerando los niveles social, emocional, psicológico de la maduración (fases sensibles o de ventanas de oportunidad).

- Planificar en tomar en consideración la cantidad de actividad física que puedan realizar los niños y jóvenes en la semana (5x 60 minutos).

- Ajustar o modificar las cargas de entrenamiento de una forma moderada y compatible con la etapa del desarrollo (aumento escalonado).

Competencia

La competencia es una parte importante del deporte porque provee un reto en la aplicación, prueba y desarrollo de las destrezas. Como siempre, la gran variedad de los niños con la misma edad dentro de los aspectos de talla, peso y nivel de fuerza podrían resultar en riesgos de lesiones como de angustia psicológica, cuando los participantes son pareados de forma desigual.

Por consiguiente, es necesario para considerar los criterios de agrupar los participantes en la competencia vayan más allá de los edades el de propiciar un ambiente positivo en que los niños y jóvenes continúen la práctica deportiva.

Un obstáculo de las competencias abiertas para todos los participantes es que permite que niños y jóvenes con desventajas de alguna índole se enfrenten a otros con ventajas; lo que podría resultar sumamente desigual y frustrante para los participantes menos talentosos, en su mayoría son los más pequeños y menos fuertes.

Desarrollo de Talentos

Algunos niños pueden haber comenzado formalmente un entrenamiento muy fuerte a temprana edad (5-8 años) dentro de la creencia que esto incrementaría las oportunidades para su desarrollo como atleta elite. Pero los resultados deportivos en temprana edad no es un predictor de rendimiento en el futuro. Muchos de los atletas de rendimiento a nivel mundial no fueron participantes "fuera de liga" cuando eran niños.

Entre las opiniones de expertos y especialistas en el deporte es cada vez mayor el consenso de que por debajo de los doce (12) años de edad debe fomentarse la participación amplia de actividades que requieren variedad de destrezas motoras antes de especializarse en un deporte, o una modalidad o posición específica.

La multilateralidad deportiva es la forma recomendada para el desarrollo óptimo de los niños que favorecen en gran medida a los participantes con madurez tardía; que se beneficiarán con su retención en el deporte al momento de alcanzar su eventual maduración.

Algunos de los participantes también tendrán el potencial de convertirse en el futuro en atletas de alto rendimiento, podrían desear entrenar con mayor intensidad. Ese progreso debe ser cuidadoso y ser:

- Talento desarrollado en programas basados en la calidad del entrenamiento y la gestión.

- Preparación física, mental y emocional que respondan a las demandas de los niveles de competencia.

- Educación sobre el rol de la sociedad en el desarrollo de los atletas de alto rendimiento como podría impactar su vida deportiva en términos del éxito y fracaso.

- Un enfoque bien orientado de sus necesidades educacionales y sociales. Estas necesidades deben ser provistas y nunca comprometer su tiempo y espacio para las mismas.

- Todos estos aspectos debe ser considerados reconociendo la dificultad de predecir a temprana edad a un atleta de alto rendimiento en el futuro.

4.6   Estrategias para el entrenamiento, la competencia y desarrollo de talentos

La Comisión Australiana para el Deporte (2003) plantea una serie estrategias para adaptar el proceso del crecimiento y desarrollo de los niños al entrenamiento, la competencia y el talento deportivo.

Estrategias para el entrenamiento:

·   Planificar y ajustar el programa de entrenamiento basados en el crecimiento individual y la maduración.

·   Monitorear los cambios indicando el estirón del crecimiento (rápido incremento de la talla, ciclo menstrual de las chicas, cambios de voz en los chicos) y alternar el entrenamiento y la competencia basados en las necesidades individuales.

·   Educar entrenadores y padres en los asuntos de crecimiento y maduración de los jóvenes.

·   Cuando esté bajo la sospecha de que los participantes no están alimentándose bien y se entrene con intensidad se requiere del consejo profesional de una nutricionista.

Estrategias para la competencia:

·   Centrar su foco de atención en la capacidad de mejora individual que la comparación con los demás.

·   Considere variados criterios para agrupar los participantes (nivel destreza, experiencia, peso) más que la edad cronológica.

·   Use alguna limitación en la competencia para reducir las diferencias de los participantes por el efecto del crecimiento y la maduración.

·   Considere las destrezas de la maduración física y el desarrollo psicológico para permitir la participación de niños y niños juntos cuando sean similares.

Estrategias para el desarrollo de los talentosos:

·   Enfoque que los jóvenes se diviertan tanto que se mantenga el interés en la edad y etapa de especialización.

·   Dejar el proceso de identificación de talento y desarrollo lo más tarde posible.

·   Exponga a los jóvenes participantes a muchas experiencias deportivas como pueda ser posible (rotación de posiciones y equipos).

Síntesis

Debemos recordar que los niños y jóvenes maduran a diferentes ritmos. Entender estas implicaciones en el crecimiento y desarrollo de los niños en el deporte hace que el entrenador convierta la participación en una más segura y gratificante.

El entrenador debe:

- Adaptar las actividades con las necesidades y cambios en el crecimiento y desarrollo.

- Evaluar el rendimiento de acuerdo al estado del desarrollo del niño o joven y no con la comparación con los demás participantes.

- Dejar las decisiones acerca de la especialización deportiva lo más tarde sea posible como la mejor alternativa para el niño o joven participante.

Auto-evaluación

- Explique la diferencia de crecimiento y desarrollo.

- Enumera los ámbitos que comprende el principio multidimensional para el crecimiento y el desarrollo.

- Exponga las razones de porque la edad cronológica es una limitación para el desarrollo de niños y jóvenes.

- Discuta las implicaciones del crecimiento y desarrollo de los niños y jóvenes en el entrenamiento, la práctica y competencia.

Referencias

- Australian Comission (2003) "Physical Growth Maturation". Implications to decisions involving Junior Participants.

- Bayli, Istvan (2003) "Long Term Athlete Development: Trainability in childhood and adolescence".

- Bergeran, Michael (2010) "The young Athlete: challenges of Growth, development and society".

- Hohmann, Andreas, Lames, Martin y Letzeier (2005) Introducción a la Ciencia del Entrenamiento. Editorial Paidotribo, Barcelona, España.

- Martin, Diestrich, Jürgen, Nicolaus, Ostrowski, Christine y Rost, Klaus (2004) Metodología general del entrenamiento infantil y juvenil. Editorial Paidotribo, Barcelona, España.

- New Zeland Sport (2010) "Growth and Development" Module Three

- Twist, Peter and Anderson, Gregory (2005) "Trainability of children". Idea Fitness Journal (2005:2 -3, 56-65).

- Weineck, Jürgen (1988) Entrenamiento óptimo. Editorial hispano europea, España.

Lección 5

Entrenamiento físico para Niños y Jóvenes

CONTENIDO

Lección 5

Entrenamiento Físico para Niños y Jóvenes

Resumen

El propósito de esta lección es que el entrenador comprenda como crear las condiciones favorables del entrenamiento óptimo de la condición física de los niños y jóvenes. Para ello deberá entender cómo los patrones del crecimiento y desarrollo de los sistemas orgánicos y energéticos orientan los procesos de adaptación y aprendizaje de los participantes para la mejora de la capacidad de rendimiento. El entrenador conocerá los más importantes hallazgos de la condición física y sus implicaciones en el entrenamiento infantil y juvenil.

Objetivos

1. Definir la capacidad de rendimiento de los niños y jóvenes en el deporte.

2. Entender cómo los patrones de crecimiento y desarrollo afectan los sistemas orgánicos y energéticos de los niños y jóvenes.

3. Discutir los más importantes hallazgos sobre los procesos de adaptación y el aprendizaje del entrenamiento para los niños y jóvenes.

4. Reconocer en cada etapa del desarrollo los periodos sensibles o críticos para la mejora de las capacidades físicas.

5. Conocer los principios para elaborar y organizar la sesión de entrenamiento.

5.1   Introducción

Los entrenadores nos enfrentamos a un dilema, es que tenemos menos niños activos físicamente y más obesos en la sociedad. Así como el hecho de que hay menos niños en la participación en el deporte. El reto supone como revertir estas tendencias de la inactividad física y cómo creamos condiciones favorables para el entrenamiento de los niños y jóvenes.

El modelo de los programas de entrenamiento que hemos empleado ha sido modelado por el diseño de los adultos y el de los atletas profesionales. El asunto del entrenamiento de los niños ha sido uno polémico y controversial discutido desde hace más de tres décadas. En particular, el tema de los efectos positivos o negativos de la práctica deportiva de los niños y jóvenes. Los datos estadísticos sobre la retención deportiva son alarmantes y de los "quemados" por sobrecargas con los efectos de trastornos de lesiones es una seria preocupación. Por lo tanto, aplicar el modelo de los adultos en el entrenamiento de los niños y jóvenes no es una solución.

Una revisión de literatura de cómo crear las condiciones favorables para el entrenamiento adecuado establece seguir la pauta de los patrones de crecimiento y desarrollo. Esto implica que el entrenamiento sea compatible con facilitar los procesos de adaptación de las etapas del desarrollo prepuberal, puberal y post-puberal de los participantes. Es decir, que no puede haber un entrenamiento adecuado, sino corresponde con la edad biológica del participante.

Lo ideal o deseable es que los entrenadores sean capaces de determinar la maduración de los niños con métodos invasivos (radiografías de muñeca y los dientes) para su confiabilidad y exactitud. Sin embargo, una solución práctica es determinar el "estirón" o mejor conocido como el "pico de la velocidad de crecimiento" con el aumento abrupto de la talla y peso de los participantes.

Una referencia pragmática y útil es el diseño de los programas individuales con relación a los momentos oportunos o de apresto del proceso de maduración de las diferentes capacidades físicas en los llamados "periodos críticos" o "fases sensibles "óptimas para el entrenamiento. Éstas han demostrado ser valiosas para los entrenadores en la dirección de los contenidos del entrenamiento.

Hay consenso amplio de los investigadores que la edad cronológica no es un buen indicador para el modelo del desarrollo de los atletas entre las edades de 10-16 años. La razón es porque resulta muy variado el desarrollo físico, cognitivo y emocional dentro de los grupos de edad. Por consiguiente, establecer la diferencia de la edad cronológica y biológica de los participantes se convierte en una prioridad para el diseño del entrenamiento.

Pero también se impone otro reto y es que los entrenadores debemos ofrecer actividades más atractivas por medio de juegos para la eficiencia del movimiento y ejercicios que resulten interesantes en la mejora de la aptitud física de los niños y jóvenes.

Recuerde que competimos en desigualdad de condiciones con los juegos electrónicos, sus entornos virtuales y los efectos de la dopamina[1], en escenarios contra la actividad física.

5.2 La Capacidad de Rendimiento Deportivo

En términos generales se escribe y habla de rendimiento deportivo como una consecuencia del entrenamiento. Más bien relacionado como resultado y la ejecución de una acción deportiva que se valoran según unas normas o reglas establecidas.

Para Martin, Nicolaus, Ostrowski y Rost (2004) se hace necesario a nivel conceptual y operacional el uso del término de la capacidad de rendimiento deportivo. Se utiliza la capacidad con el fin de deducir los componentes de rendimiento que se justifican en la práctica del entrenamiento. Esto supone un modelo de análisis del rendimiento y explicar sus componentes.

Gundlach (1968) ya había deducido que el rendimiento deportivo participaba en su desarrollo con dos sistemas. Un sistema de aprendizaje y otro sistema de la adaptación.

> 1. Capacidades informativas–determinadas (coordinativas) en el sistema dependiente del aprendizaje.
>
> 2. Capacidades energéticas–determinadas (condicionales) en el sistema dependiente de la adaptación.

Sin embargo, el modelo se refiere a un tercer sistema que es la interacción de ambos sistemas dependientes de aprendizaje y adaptación. Las capacidades de información requieren de energía y la energía de información.

En el entrenamiento de la condición física la capacidad de rendimiento es dependiente del sistema de adaptación. Por lo tanto, se requiere que conozcamos el funcionamiento de los sistemas orgánicos y energéticos de los niños y jóvenes, como el desarrollo de las diferentes capacidades físicas relacionadas con los factores del rendimiento en el deporte.

---

1   La Dopamina es un neurotransmisor release/versión por el cerebro que desempeña varias funciones en los seres humanos y otros animales. Entre algunas de sus funciones notables están relacionadas con: el movimiento. Fuente: www. Wikipedia.com

5.3   Sistemas Orgánicos y Energéticos

Los sistemas orgánicos y energéticos se conocen también como los factores del rendimiento físico. Resulta conveniente conocer su funcionamiento como sistema orgánico y sus efectos en el crecimiento y desarrollo de los niños.

Sistema Nervioso Central (SNC)

El SNC desde el cerebro tiene la función del control y regulación del sistema motor. El SNC desarrolla las condiciones de la actividad motriz desde muy temprana edad. El SNC se compone de cerca de quince mil millones de células nerviosas (neuronas), que se combinan entre ellas, con un número de casi diez mil veces mayor de conexiones transversales que forman una complicada red, como el que una célula pueda recibir hasta mil canales nerviosos (Vester,1975).

Ya a la edad de 6 años el cerebro alcanza entre un 85 y 90% de su masa final. También de sus hemisferios del cerebro muestran todas las circunvoluciones y surcos de los adultos. El cerebelo, considerado como centro rector, de la programación de los procesos rápidos del movimiento a la edad de los 6 años logra el límite inferior de la masa del cerebelo de los adultos. En este periodo de los 6 años de edad ha concluido el proceso de mielinización, que permite proteger el cerebro de la excitación de otras fibras nerviosas.

La maduración del cerebro a temprana edad conduce a que el SNC sea el primer sistema orgánico en desarrollarse parecido a los adultos. Los niños pueden contar del aprovechamiento del potencial neural a causa de la plasticidad de la maduración del cerebro. Las experiencias individuales, la determinación exacta de los circuitos de conexión neuronal y el desarrollo del SNC. El uso de los contactos sinápticos, tiene el papel más importante del ser humano en la memoria motora. Producto de las acciones de los engramas, que son formaciones específicas y neuronales de modelos de transmisión de impulsos en el cerebro, condicionado por actividades neuronales intensivas previas, es decir de actividades de percepción y de aprendizaje.

El SNC facilita el aprendizaje motor y es la base del desarrollo del entrenamiento de los niños y jóvenes

Sistema Óseo

Es la base del armazón del cuerpo; dentro de este sistema, los huesos se unen a las articulaciones para permitir el movimiento, y los huesos se unen a otros huesos y articulaciones. En particular con ligamentos conectados hueso a hueso y estabilizar las articulaciones para prevenir movimientos inapropiados. Los tendones conectan con los músculos a los huesos para empujar dentro del hueso y causar el movimiento de las articulaciones. Los cartílagos actúan como amortiguador del impacto o almohadilla entre hueso y el hueso.

Desarrollo del Sistema Esquelético

El orden en que aparecen los centros de osificación está condicionado por la herencia genética, pero también depende del suministro satisfactorio de minerales y vitaminas, así como del sexo.

Primera Fase (0-7 años) empieza con un lento periodo de osificación. Las epífisis (capas de tejido cartilaginoso) son relativamente grandes y están más fuertes que el resto de los huesos.

Segunda fase (7-11 años) se caracterizan por un proceso lento de la velocidad de la osificación y el crecimiento. Durante este tiempo no se forman nuevos centros de osificación. En los huesos de las extremidades que se realizan una función importante y se ejercitan frecuente e intensamente los centros de osificación aparecen más pronto.

Tercera fase (9-14 niñas; 11-17 niños) es un periodo activo en el que se forman definitivamente la epífisis, el sesamoideo y las cavidades medulares. *La pubertad está caracterizada por el incremento del crecimiento esquelético y por una activa formación ósea.* Siempre y cuando haya equilibrio funcional que suministre los abastecimientos de sales de calcio y fósforo, de lo contrario se producirán trastornos de la osificación.

En la columna vertebral entre los 13 y 15 años se da el cierre del sacro. Los ligamentos y las articulaciones están débilmente desarrollados, su capacidad de resistencia frente a la tracción y estiramiento es todavía pequeña. En la pubertad se produce la mayor diferenciación en la formación esquelética de los hombres y las mujeres (pelvis).

En cuanto al desarrollo del hueso se puede afirmar que los procesos intensivos de reformación de *los huesos en crecimiento imitan considerablemente la tolerancia al esfuerzo del aparato locomotor de los niños y jóvenes.* La sensibilidad del tejido es proporcional a la velocidad del crecimiento. Esto significa que en la fase de pleno crecimiento en la pubertad, los huesos, los ligamentos, tendones, cartílagos, son especialmente propensos a esfuerzos excesivos o deficientes. Los huesos infantiles y juveniles aún no se han fortalecido en la misma medida que los adultos. En fin, son más elásticos pero menos resistentes a la flexión. La osificación definitiva del esqueleto continúa hasta los 20-25 años de vida.

Sistema Muscular

El sistema muscular consiste de alrededor de 600 músculos. Los músculos son anejados para cubrir el armazón del esqueleto, y normalmente cuentan con el 40% del peso corporal. Cada músculo es una colección de largas fibras (células) agrupadas en paquetes que se conocen como miofibrillas.

Los músculos están ordenados en pares. Trabajan en pareja uno en contra de otro. Mientras una tensa (agonista) el otro se relaja (antagonista). Si ambos músculos en pareja trabajan con similar fuerza el desarrollo muscular es balanceado y actúa estable en una relevante articulación (sinergia). Pero si uno de los músculos de la pareja es menos fuerte que el otro, el músculo fuerte resulta dominante no es balanceado y la articulación es inestable, el músculo débil puede estar propenso a una lesión.

El cerebro y el sistema nervioso controlan los músculos que se contraen con el impulso como parte de un proceso neuroquímico dentro de las células que causa la contracción muscular.

En las contracciones musculares existen dos tipos de fibras de los músculos que se conocen como fibras de contracción rápida o lenta. Cada músculo tiene una combinación de ambos tipos de fibra. Estas fibras trabajan en diferentes maneras y parecen ser igual su diseño pero utilizan distintos tipos de energía y actúan con diferentes velocidades.

Fibras Musculares (Mirella, 2001: p.16-19).

Los músculos se pueden distinguir por el color en músculos blancos y rojos. El color del músculo, por lo tanto de la fibra muscular, depende esencialmente del tipo de contenido de la hemoglobina. Si es cierto que por el color de la fibra se pueden distinguir las fibras rojas y blancas, existen diferencias funcionales a base de sus características fisiológicas, morfológicas y metabólicas.

Sin embargo, las fibras se dividen en dos tipos de principales rojas y blancas con características que las diferencian entre sí, hay otra fibra muscular que posee características intermedias.

Características fisiológicas

La característica más importante es el tiempo de contracción. Es el intervalo de tiempo que transcurre entre la activación de la fibra muscular y la contracción máxima.

Se puede clasificar las fibras musculares de contracción rápida (se identifican con las siglas de F: Fast, Rápida, o FT: T, Twitch, contracción). Las fibras musculares de contracción lenta utilizan las siglas de S o ST (S: Slow, lenta).

Se puede distinguir en base a la resistencia a la fatiga puede contraerse durante más largo tiempo sin que se produzca una reducción de la tensión. Entre las fibras de contracción rápida una es poco resistente a la fatiga y otra que con mayor resistencia.

Características morfológicas

Las fibras musculares rojas (tipo 1) son de menor tamaño y poseen un mayor contenido en mitocondrías, mioglobina y gotas lípidicas.

Las fibras musculares blancas (tipo 2) son de mayor tamaño, contienen menor cantidad de mitocondrías, mioglobina y lípidos, pero cuentan con mayor cantidad de fosforilasa, enzimas glucolíticas y granúlos de de glucógeno.

Entre las dos tipos de fibras musculares se diferencian entre sí en cuanto a los metabolismo energéticos, las fibras de tipo 1 (ST) es preferentemente Oxidativo (O), mientras que el tipo 2 (FT) es Glucolítico (G) . Mientras que las fibras musculares con características intermedias tienen capacidades oxidativas y glucolíticas (OG).

Características de las fibras musculares

Tipo 1: Fibras musculares rojas, de contracción lenta, metabolismo oxidativo y gran resistencia a la fatiga. (Resistente)

Tipo 2A: Fibras musculares blancas, de contracción rápida, metabolismo oxidativo y glucolítico, resistentes a la fatiga. (Resistente y Rápida)

Tipo 2 B: Fibras musculares blancas, de contracción rápida, metabolismo glucolítico y poco resistentes a la fatiga. (Rápida)

Desarrollo de la Musculatura

La proporción de masa muscular en relación con el conjunto de la masa corporal aumenta continuamente a partir del nacimiento, momento que alcanza un 20 y un 23% frente a un 40 a un 44% en los adultos. Hasta el comienzo de la pubertad y con los cambios hormonales asociados (producción de hormona sexual, especialmente de los andrógenos) se llega a una conformación de las diferencias, si bien son específicas del sexo. De este modo, el componente muscular de los chicos aumente en 41.8% y el de las chicas hasta un 35.8% (Weineck, 1986). Mientras que el aumento muscular de los chicos coincide con el momento del aumento de la talla (14-16 años), el desarrollo muscular acelerado de las chicas algunos meses después del máximo crecimiento (12-14 años). *Sólo al final de la adolescencia la musculatura parece estar bien desarrollada. Sin embargo, todavía no alcanza los valores funcionales y de capacidad de fuerza posibles que los adultos* (Demeter, 1981).

Sistema Cardiovascular

El sistema consiste del corazón y los pulmones con sus vasos sanguíneos. Este sistema provee depósitos de oxígeno, y suple de materia para los músculos, además de remover productos en desecho (ácido láctico y dióxido de carbono) fuera de los músculos. Si el sistema cardiovascular no se desarrolla en armonía con los músculos, se convierte en enlace débil, como barrera para la mejora de su rendimiento.

Desarrollo del Sistema Cardiovascular

Para el desarrollo del tamaño del corazón se aplica la regla general, según la cual su tamaño en todas las edades, coincide casi con el puño de la mano cerrada. En el proceso del desarrollo, permanece el número de fibras del corazón, sin embargo se vuelven progresivamente más largas y gruesas. Con el aumento de la longitud de la fibra muscular, se reduce la frecuencia cardiaca, en conexión con la hipertrofia condicionada por el crecimiento y con el entrenamiento crece la parte interna del corazón y el volumen del latido es mayor. De este modo, aumenta la eficacia del funcionamiento cardiaco y su economía (Weineck, 1987).

El incremento condicionado por el crecimiento del volumen cardiaco y el aumento del volumen de latido lleva al mismo tiempo a una reducción de la frecuencia cardiaca. La disminución de la frecuencia cardiaca es particularmente evidente en la pubertad. Entre los 10 y los 18 años en las chicas y en los chicos los valores descienden en una media de 0.6 latidos por año (Klemt, 1988). Al mismo tiempo se ha comprobado que la situación, medida en las mismas situaciones de esfuerzo, en las chicas y mujeres es de 5 latidos más que en los chicos y los hombres.

Sistemas orgánicos en los patrones de crecimiento se ilustra en el gráfico #1 cuando en el eje Y se refleja en términos relativos el nivel de maduración de los aspectos neural, esqueletal y muscular durante los periodos de edad (eje X). A los 6 años se alcanza mejora de lo neural por la maduración del SNC que facilita los procesos de aprendizaje y capacidad coordinativa. Desde los 14-16 años el sistema esquelético logra un mayor incremento en la pubertad para facilitar un balance y transición de las capacidades coordinativas a las condicionales. Mientras que el sistema muscular lo alcanza en la adolescencia desde los 18 años para la optimización de las capacidades condicionales.

Gráfico #1
Sistemas orgánicos en los patrones de crecimiento

Normal Growth Patterns (Anderson y Twist, 2005)

Sistema Energético

Son tres los sistemas que proveen a los músculos de energía para sostenerse o repetir esfuerzos intensos durante la actividad.

El sistema anaeróbico a-láctico: no requiere oxígeno, usa energía almacenadas en las células como depósito, no produce ácido láctico, y es la principal fuente de energía para las actividades con duración de menos de 10 segundos.

El sistema anaeróbico láctico: requiere de oxígeno, utiliza los carbohidratos como depósito, produce ácido láctico, su principal fuente de energía para las actividades entre 10 segundos a 2 minutos.

El sistema aeróbico: necesita el oxígeno, utiliza las grasas y carbohidratos, no produce ácido láctico, y es su principal fuente de energía para las actividades de 2 minutos o más.

Dos veces el trabajo en el tiempo de duración puede trabajar de un sistema energético a otro:

10 segundos - Durante los primeros diez segundos de la actividad es provista por el sistema energético aeróbico, luego de los primeros diez segundos el sistema anaeróbico láctico se convierte en el principal proveedor de la energía.

2 minutos - Después de los primeros diez segundos de la actividad y hasta los 2 minutos, el sistema anaeróbico láctico provee de la mayor energía. Luego de 2 minutos, es el sistema aeróbico que es el principal suplidor.

Los diferentes sistemas energéticos se usan dentro de los diferentes deportes y modalidades, el grado en la demanda de energía varía por la actividad. Esta demanda muchas veces podría ser dividida como aeróbica/anaeróbica y es determinada por tres factores:

- Tiempo de trabajo: cuánta es la duración que se trabaja sin descanso

- Intensidad del trabajo: cuánto esfuerzo se emplea en el trabajo

- Ratio de Trabajo/descanso: cuánto tiempo se trabaja y cuanto tiempo de pausa

Las implicaciones del sistema energético en el entrenamiento de niños y jóvenes:

- El sistema energético que parece estar limitado es el anaeróbico láctico de los niños ya que no están preparados para las formas de esfuerzo de 10 hasta 120 segundos.

- El sistema energético aeróbico demuestra elevada capacidad de resistencia que parece ser favorable por la relación de altura y peso corporal por el menor esfuerzo del aparato locomotor que la comparada de los adultos.

- Su limitación es para los esfuerzos de resistencia de corta y media duración que suponga la producción de lactato.

- El sistema energético anaeróbico a-láctico que no se muestra hasta el momento que los esfuerzos de menos de 10 segundos sean una limitación del entrenamiento de los niños.

5.4 Factores del Rendimiento en el Deporte

Los factores del rendimiento en el deporte se conocen como los componentes de la condición física. Los entrenadores se refieren a estos componentes o capacidades con más frecuencia que a los sistemas orgánicos y energéticos en la discusión del entrenamiento. Prefieren discutir sobre el desarrollo de la fuerza o velocidad en la selección de un ejercicio o método de entrenamiento. Estas capacidades se vinculan en el proceso del entrenamiento de un modo más directo como factores del rendimiento deportivo.

La condición física se compone de las capacidades coordinativas y las capacidades condicionales. En las capacidades coordinativas se clasifican los componentes del aprendizaje que se manifiestan el control y regulación del movimiento. Mientras que con las capacidades condicionales se clasifican los componentes de la adaptación metabólica. En cada componente de la condición física se discute su definición, la importancia y sus implicaciones en el entrenamiento de los niños y jóvenes.

Capacidades de Coordinación

Son cualidades del desarrollo relativamente determinados y generalizados de los procesos de regulación del movimiento y las capacidades de rendimiento deportivo. Su importancia consiste en ser apoyo del aprendizaje de técnicas y habilidades en el entrenamiento. Su rendimiento se expresa en percepción, reacción y motor global.

1ª fase: en la edad infantil hasta la primera fase de la pubertad, se caracteriza por un aumento lineal y progresivo del rendimiento en todos los ámbitos de las habilidades de coordinación.

2ª fase: inestabilidad y readaptación durante la pubescencia.

3ª fase: formación individual completa de la capacidad de rendimiento en la coordinación en el nivel del desarrollo de la adolescencia.

Velocidad

Se muestran en la reacción más rápida posible a los estímulos o señales en relación con los rendimientos deportivos complejos y en la realización de movimientos con la menor resistencia posible y la más alta velocidad (Martín, Carl y Lehnert, 1991).

- Prioridad en el entrenamiento de todas las características de los rendimientos de velocidad (reacción, aceleración y acción) en el entrenamiento de la condición física.

- Las mejoras más importantes pueden registrarse en la edad escolar temprana y la prepuberal, así como en la primera fase de la pubertad en rendimientos de velocidad a-cíclicos con altas velocidades finales.

- En la 2da fase de la pubertad (adolescencia) se desarrollan una vez más y rápidamente las capacidades de la velocidad de acción condicionado por las mejoras de la técnica y la fuerza.

Fuerza

La capacidad de fuerza se basa en condiciones neuromusculares que generan fuerza muscular al ejercer fuerza en el desarrollo de movimientos físicos que pueden realizarse individualmente. La importancia de la capacidad de fuerza es que sirve como generador del rendimiento del movimiento.

El entrenamiento infantil y juvenil debe basarse en una consideración diferenciada teniendo en cuenta la coordinación de movimiento y la tolerancia del aparato locomotor pasivo.

- A partir de los 12-13 años se puede entrenar la capacidad de la fuerza y no necesariamente esperar que haya un equilibrio de las hormonas andrógenas hasta la llegada de la pubertad.

El organismo cuenta con mecanismos de ajustes mediante la coordinación intramuscular e intermuscular en la mejora del rendimiento de la fuerza.

- Se ha confirmado el rendimiento de la fuerza rápida como algo notable y significativo desde la edad temprana (pre-puberal) en la aceleración, altas velocidades y técnicas en movimientos definidos, específicos del deporte.

- El desarrollo de la velocidad en técnicas específicas es significativo pero todavía no se alcanza en su ejecución la resistencia mecánica necesaria.

- Es necesario tener un entrenamiento funcional de la fuerza para atender la debilidad postural y desequilibrios musculares.

Movilidad

Es la capacidad para dirigir arbitraria y concretamente, con la amplitud de movimiento necesaria y óptima de las articulaciones, los músculos, tendones y ligamentos implicados. En una capacidad que se relaciona además con el concepto de la agilidad.

- Los músculos implicados en las capacidades no aprovechadas de la movilidad tienden al acortamiento y la debilidad.

- Necesidad de la movilidad funcional para prevenir el acortamiento de grupos musculares concretos que se relaciona con las deficiencias de los desequilibrios musculares.

Resistencia

La resistencia es la capacidad para mantener durante un periodo de tiempo lo más largo posible un rendimiento en una técnica de movimiento especial.

- Elevada capacidad de la resistencia en todas las etapas.

- En los chicos hay registros de mejora continua de los 7 a 11 años, seguido de una estabilización cerca de 4 años hasta una mejora con la pubertad de los 14-16 años.

- En las chicas una mejora continua hasta los 11 años pero estabilizada en la pubertad y mejora con la adolescencia.

- Capacidad de entrenamiento de resistencia como fuente aeróbica no tiene restricciones con niños y adolescentes. Excepto con la resistencia corta y de media duración por la dificultad de la tolerancia láctica, que no es tan pronunciada como los adultos.

- Los niños no están preparados para las formas de esfuerzo intenso de 10 hasta 120 segundos.

- Los niños tienen una relación más propicia de altura y masa corporal que los adultos con mayor capacidad con esfuerzo inferior del aparato locomotor y de soporte.

Resulta importante que establezcamos la evolución de la capacidad de resistencias de los niños en las diferentes etapas del desarrollo, ya que podría ser mal interpretado con aspectos favorables y justificar la especialización del entrenamiento a temprana edad. Si es cierto que los niños pueden incrementar su capacidad aeróbica, realizando el mismo entrenamiento, no alcanzan el máximo consumo y el umbral anaeróbico que los adultos (Brandon, 2004).

Tabla 1
Edad, etapas y causas en el desarrollo de la resistencia

Edad (años)	Etapa	Causa
8-10	Incrementa capacidad aeróbica	Hiper-trofía del músculo cardiaco
10-12	Superioridad frente a los adultos para afrontar esfuerzos aeróbicos	Menor esfuerzo cardio-respiratorio en relación con el peso corporal Pulsación más alta (corazón más pequeño)
13-14	Fatiga fisiológica	Valores de estabilización e incluso retroceso por coincidir con el periodo de máxima madurez sexual
15-17	Mejora de capacidad anaeróbica	Supera la anterior etapa y los niveles de testosterona en la sangre trae consigo una inducción enzimática que mejora la capacidad anaeróbica
18-19 ó más	Madurez funcional cardiaca en 100%	Se alcanza mejores incrementos capacidad aeróbica y anaeróbica

Fuente: Palau, 2005 y varios autores

5.4 Periodos Favorables o Sensibles

Se conocen como periodos favorables o fases sensibles al entrenamiento para su mejora. Se define como intervalos de tiempo en los procesos de desarrollo de los seres humanos en los que éstos reaccionan a determinados estímulos del entorno con mayor intensidad que otros periodos temporales, y con los correspondientes efectos para el desarrollo (Thiess, Schnabel y Bauman, 1978).

Tabla 2
Modelo de las Fases Sensibles en Etapa Infantil y Juvenil

capacidades	INFANCIA		ADOLESCENCIA	
	6/7-9/10	10/12-12/13	12/13-14/15	14/15-16/18
Adquisición de habilidades y técnicas	•••	••••		•••
capacidad de reacción	••••			
capacidad de ritmo	••••	••••		
capacidad de equilibrio	••••	••••		
capacidad de orientación	•••		•••	••••
capacidad de diferenciación	••••	••••		
capacidad de Velocidad	••••	••••		
Fuerza máxima			••••	••••
Fuerza Rápida	•••	••••		
Resistencia aeróbica	•••	•••	•••	•••
Resistencia anaeróbica		••	•••	••••

Fuente: Martin y cols. (2004:158)

Los resultados de Martin y colaboradores (2004) han permitido poder ofrecer en la tabla anterior un nuevo modelo con los resultados de investigaciones para las fases favorables del entrenamiento en la infancia (6-13 años) y adolescencia (14-18 años).

En la infancia es la fase favorable de la capacidad coordinativa en sus diferentes manifestaciones (3-4), el aprendizaje de las técnicas (4) y la velocidad (4). Mientras que la pubertad es óptimo en el desarrollo de la fuerza máxima (4) y mejora de la resistencia anaeróbica (3). En la adolescencia es el momento óptimo de la capacidad de resistencia anaeróbica (4) y la capacidad de orientación (4). Resulta importante destacar que la capacidad de resistencia aeróbica se trabaja desde la infancia a la adolescencia (3) para su desarrollo. Previo al entrenamiento de la fuerza máxima en la pubertad debe trabajarse en la etapa prepuberal con el entrenamiento de la fuerza funcional en los desequilibrios musculares y reforzar con la movilidad funcional.

5.6 Principios para la Elaboración y Organización del Entrenamiento

En la elaboración de los contenidos y organización del entrenamiento de la condición física resulta importante una dirección con los principios que enumeramos a continuación.

1. Principio de la adecuación del entrenamiento al objetivo. El entrenamiento infantil y juvenil **se orienta a objetivos claros**, que se derivan de los objetivos generales de las etapas de formación y el perfil de las exigencias específicas de la disciplina deportiva.

2. Principio del comienzo temprano y oportuno del entrenamiento. Se necesitan márgenes de tiempo entre 6 y 15 años (Regla del diez) con una sistematización creciente para la edad de alto rendimiento. *El entrenamiento de la condición física* infantil y juvenil debe empezar a temprana edad y oportunamente.

3. Principio de la **formación y el rendimiento a largo plazo**. El entrenamiento infantil y juvenil están orientado, hasta el alcance de la edad de alto rendimiento, en cuatro etapas de formación con objetivos de entrenamiento cambiantes.

4. Principio de la especialización creciente y oportuna. Para optimizar las condiciones de rendimiento genéticamente dadas ya el *entrenamiento de la condición física* infantil y juvenil es necesario una creciente especialización de los contenidos y ejercicios del entrenamiento basado en la variedad.

5. Principio de la **eficacia de la acción** del entrenamiento. El entrenamiento infantil y juvenil debe pretender un grado de eficacia mayor posible de los objetivos dados y de los criterios de la categoría.

6. Principio de **armonía entre las exigencias de la competición y del entrenamiento**. El entrenamiento infantil y juvenil esta fundamentalmente unido a los sistemas de competición. Además, las exigencias de los objetivos de la formación.

7. Principio del **entrenamiento anual continúo**. Para mantener el estado de rendimiento alcanzado y mejorarlo, deben evitarse largos descansos en el entrenamiento como las vacaciones escolares sin actividad física vigorosa. El entrenamiento de la condición física debe garantizarse durante todo el año.

Síntesis

· No puede haber un entrenamiento adecuado para niños y jóvenes, sino corresponde con la edad biológica y la maduración del participante.

· Es una prioridad determinar la maduración de los niños y jóvenes con el monitoreo periódico de la talla y peso para establecer el "estirón" del crecimiento.

· Es recomendable que utilizar la Escala Tanner para la clasificación del niño y joven en los diferentes estados de su desarrollo.

· En el entrenamiento de la condición física de los niños y jóvenes se requiere del entrenador conozca el funcionamiento de los sistemas orgánicos y energéticos, como el de las capacidades físicas relacionado con los factores del rendimiento en el deporte.

· Una guía necesaria para todo entrenador es conocer los periodos favorables o fases sensibles al entrenamiento para su mejora. Se define como intervalos de tiempo en los procesos de desarrollo de los seres humanos en los que éstos reaccionan a determinados estímulos del entorno con mayor intensidad que otros periodos temporales, y con los correspondientes efectos para el desarrollo de la velocidad, fuerza, resistencia y coordinación.

· Entre los principios para elaborar y organizar el entrenamiento infanto-juvenil sobresalen: establecer objetivos claros, orientar el rendimiento a largo plazo, la especialización creciente y variada, y la eficacia de la acción del entrenamiento.

Auto-evaluación

1. ¿Cómo podemos determinar la maduración de los niños y sus diferentes etapas del desarrollo?

2. ¿Cuáles son las implicaciones específicas de los sistemas orgánicos y energéticos en las distintas etapas del desarrollo (pre-puberal, puberal y post-puberal) para los factores del rendimiento en el deporte?

3. Describa los periodos favorables o sensibles para el entrenamiento de las capacidades físicas en las distintas etapas del desarrollo de los niños y jóvenes.

4. Discuta la importancia de los principios de elaboración y organización del entrenamiento de los objetivos claros, el rendimiento a largo plazo, la especialización creciente y variada, y la eficacia de la acción del entrenamiento.

Referencias

- Australian Comission (2003) "Physical Growth Maturation". Implications to decisions involving Junior Participants.

- Bayli, Istavan (2003) "Long Term Athlete Development: Trainability in childhood and adolescence".

- Brandon, Raphael (2004) Endurance Training for Children. Peak Performance

- Bergeran, Michael (2010) "The Young Athlete: challeges of Growth, development and society."

- Guzmán Colón, Carlos (2016) "Conferencia sobre modelos de Resistencia de los Niños" el 19 de noviembre en Hormigueros.

- Hohmann, Andreas; Lames, Martin y Letzeier (2005) Introducción a la Ciencia del Entrenamiento. Editorial Paidotribo, Barcelona.

- Martin, Diestrich, Jurgen, Nicolaus,Christine y Rost, Klaus (2004) Metodología General del entrenamiento infantil y juvenil. Editorial Paidotribo, Barcelona.

- Mirella, Ricardo (2001) Las Nuevas metodologías del entrenamiento de la fuerza, la resistencia, la velocidad y la flexibilidad. Editorial Paidotribo, Barcelona.

- New Zeland Sport (2010) "Growth and Development" Module Three.

- Palau, Xavier (2005) Entrenabilidad de la resistencia en edades tempranas. En www.efedeportes.com

- The Coaching Association of Canada (1988) "Coaching Theory level 1". National Coaching Certification Program. Canada.

- Twist, Peter and Anderson, Gregory (2005) "Trainability of children". Idea Fitness Journal (2005: 2-3, 56-65).

- Weineck, Jurgen (1988) Entrenamiento óptimo. Editorial Hispanoeuropea, España.

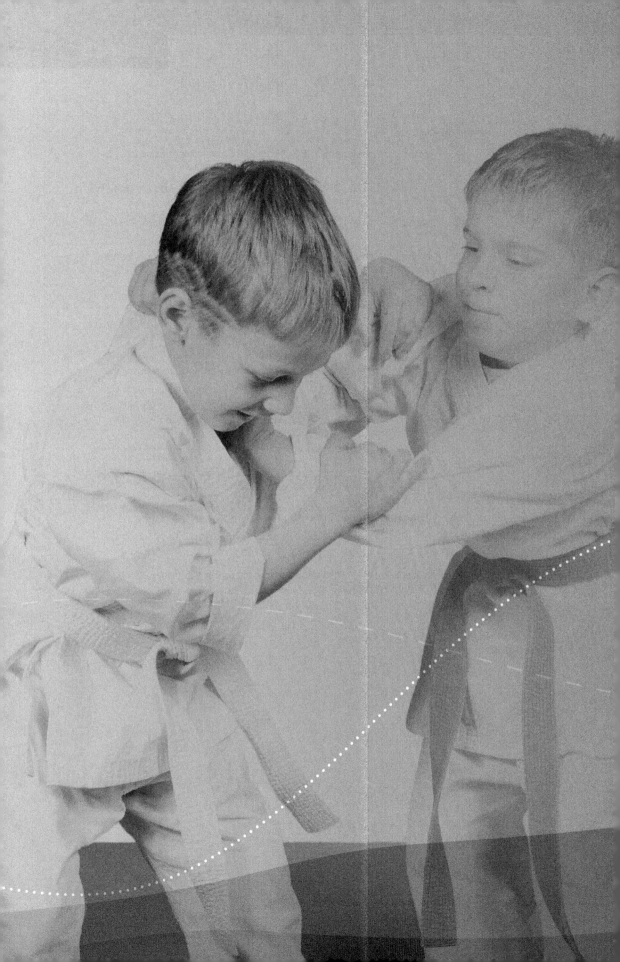

Lección 6

Entrenamiento Técnico para Niños y Jóvenes

CONTENIDO

Resumen

Objetivos

Síntesis

Auto-evaluación

Referencias

Lección 6

Entrenamiento Técnico para Niños y Jóvenes

Resumen

El propósito de esta lección es que el entrenador comprenda como crear las condiciones favorables del entrenamiento óptimo del aprendizaje técnico-táctico de los niños y jóvenes. Para esto deberá entender cómo la maduración del Sistema Nervioso Central (SNC) y el desarrollo de las capacidades coordinativas favorecen el proceso de aprendizaje motor. La importancia de comprender cómo las habilidades motoras y las técnicas deportivas forman parte del proceso del aprendizaje motor. Una concepción del entrenamiento técnico en perspectiva con énfasis en los objetivos, las indicaciones metódicas y la retroalimentación para el desarrollo de los fundamentos de la técnica deportiva en los principiantes. Estos fundamentos técnicos deberán ser integrados con la capacidad táctica en la resolución de las tareas específicas de la competencia.

Objetivos

1. Definir las condiciones favorables del aprendizaje técnico por la maduración del SNC y las capacidades coordinativas en la fase prepuberal y puberal.

2. Comprender las razones de por qué las técnicas deportivas y las habilidades motoras forman parte del proceso del aprendizaje motor.

3. Discutir los elementos de la concepción fundamental de la técnica deportiva.

4. Describir los objetivos, las indicaciones metódicas y la retroalimentación en el entrenamiento técnico de los principiantes.

5. Integrar los fundamentos de la técnica deportiva en el uso de la inteligencia motriz y la capacidad táctica del deporte en la competencia.

6.1   Introducción

El entrenamiento de la técnica es el componente más específico de la preparación de los deportistas, ya que es donde se manifiesta las acciones propias de la competencia.   Todo el proceso de la preparación del atleta va encaminado a lograr la ejecución adecuada de sus elementos técnicos.   Sin la ejecución técnica de sus acciones, el deportista no podrá practicar el deporte. Resultando entonces la técnica en un requerimiento necesario e indispensable, en términos reglamentarios, de su participación y el poder disfrutar de la experiencia de la competencia.

En el entrenamiento infanto-juvenil, el aprendizaje y la práctica continua de las habilidades motoras y de las técnicas deportivas **ocupan el lugar central** del proceso de entrenamiento y regulan el entrenamiento de aprendizaje.   Las habilidades y las técnicas deportivas se basan en procesos de aprendizaje y en las capacidades neuromusculares.

Sistema Nervioso Central (SNC)

Las condiciones de aprendizaje motor en niños de la fase pre-puberal (Martin, 1988) se basan en la plasticidad de los procesos nerviosos es **intensa** debido a la necesidad menor de estímulos para la excitación, el alto registro de información y una gran capacidad de imitar los movimientos. Sin embargo, una limitación en la fase pre-puberal, es la dificultad para la fijación o formación de engramas por una débil inhibición de la diferenciación de los movimientos. En fin, los niños cuentan en la fase pre-puberal con la **mayor capacidad de aprendizaje motor que cualquier otra de sus etapas.**

En la fase puberal, la plasticidad de los procesos nerviosos existe, pero es menos intensa que en la fase pre-puberal. Los procesos de excitación tienden hacia la irradiación y disminuye, por tanto la capacidad de aprendizaje comparado con la fase pre-puberal. Sin embargo, cuenta con unas condiciones más favorables para la inhibición y la diferenciación del movimiento. Esto le permite la mejor **capacidad de fijar y estabilizar los estereotipos motores** que en la fase anterior. Además de que cuenta, con mejores condiciones de análisis del movimiento, por la maduración de la corteza cerebral. Dicho de otro modo, los niños en la pubertad cuentan con más capacidad de convertir los movimientos en la adquisición de hábitos motores.

Otro de los aspectos a considerar es el relacionado con los **incrementos del aprendizaje motor**. No sólo es que en la fase pre-puberal se cuenta con mayor capacidad de aprendizaje por la plasticidad de los procesos nerviosos, sino que los **incrementos son naturales** y se desencadenan con la diversidad de movimientos como en juegos innatos y espontáneos de los niños. El aprendizaje motor se apoya en una mayor capacidad de movimiento interno por el aprendizaje instantáneo y la capacidad de imitación espontánea. Podemos decir que su aprendizaje se adquiere mientras más experimenta el movimiento per se. Se aprende fundamentalmente por la cinestesia. Mientras más se realizan los movimientos se amplía la riqueza del aparato motor de los niños.

En la fase puberal, ya no existen incrementos naturales del aprendizaje y dependen del aprendizaje mediante el **lenguaje.** Si es cierto que se aprende mediante el movimiento, pero ahora se necesita el aspecto del filtro del lenguaje para dirigir su acción y atención en el procesamiento de la información. Pasamos de lo predominantemente visual y cinestesia de la fase pre-puberal del aprendizaje motor a la relevancia del método auditivo y verbal con el lenguaje, así como la mayor **capacidad de racionalización** del movimiento.

Resulta importante que entendamos, porqué se le conoce como **la edad de oro del aprendizaje motor** a la fase pre-puberal. La capacidad de aprendizaje motor y su incremento es **natural y espontánea.** Se excita con más facilidad, pero no se inhibe y afina la capacidad de diferenciación del movimiento.

Mientras que en la fase puberal, se le conoce como la fase de **perturbación pasajera del aprendizaje motor**, ya que se disminuye la capacidad de aprendizaje con su incremento natural y espontáneo, pero se excita menos e inhibe más para lograr una diferenciación de los movimientos. Esta capacidad de inhibición y diferenciación del movimiento es la que **permite fijar y estabilizar los estereotipos motores.**

El reto de los entrenadores es promover la multiplicidad de experiencias motrices como la enseñanza correcta de los fundamentos técnicos y sean buenos hábitos motrices en su desarrollo.

Gráfico 1
Aprendizaje Motor en la Etapa Pre-puberal y Puberal

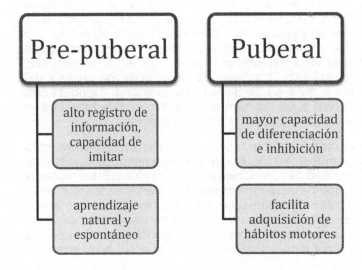

Capacidades Coordinativas

Las capacidades coordinativas bien desarrolladas son condiciones previas para el aprendizaje, el perfeccionamiento y la estabilización, la variación y la práctica de las habilidades motoras y las técnicas deportivas. Se considera luego de la técnica como el segundo ámbito de la capacidad del rendimiento deportivo. Las capacidades coordinativas son las aliadas para el aprendizaje motor y el entrenamiento técnico. Por lo tanto, depende de su correcta aplicación y aprovechamiento de las capacidades físicas para su optimización.

La capacidad de coordinación está relacionada con el proceso de control y regulación del movimiento. Esto le permite facilitar su vínculo por la participación en los procesos neuromusculares para el aprendizaje y perfeccionamiento de la técnica.

Manifestaciones de las capacidades coordinativas, según Hirtz (1994):

- Capacidad de reacción: es la realización de movimientos breves en respuesta a estímulos.

- Capacidad de equilibrio: comprende el mantenimiento y la recuperación del equilibrio en situaciones cambiantes y la resolución de tareas motoras.

- Capacidad de orientación: determina los cambios de posición del cuerpo en el espacio y el tiempo.

- Capacidad de ritmo: comprende el registro, almacenamiento y representación dinámico temporales dadas o intrínsecas del movimiento mismo.

- Capacidad de diferenciación: posibilita lograr la armonización exacta de cada una de las fases del movimiento y diferenciar con precisión los parámetros de fuerza, especiales y temporales dentro de la ejecución del movimiento.

En la fase pre-puberal el aprendizaje motor, por su gran capacidad de excitación de los procesos nerviosos e incrementos naturales, se apoya en la capacidad coordinativa de la reacción, el equilibrio y el ritmo. Mientras que la fase puberal el aprendizaje motor por su mayor capacidad de inhibición para fijar estereotipos motores se apoya en las capacidades coordinativas complejas de la diferenciación y la orientación.

6.2   La Técnica Deportiva y su Significado

No debemos mantener por separado los conceptos de las habilidades motoras y las técnicas deportivas, ya que ambas están condicionadas por los procesos de aprendizaje motor previos que se realiza en el Sistema Nervioso Central (SNC). Veamos las siguientes definiciones de habilidades motoras y técnicas deportivas.

- Habilidades motoras: Son aquellos procesos de control y función que se basan en el desarrollo de formas de movimiento únicas y limitables (Roth y Winter, 1994)

- Técnicas Deportivas: Son secuencias probadas de movimientos adecuados a un fin y eficaces para la resolución de tareas definidas en situaciones deportivas, cuya resolución se orienta a un ideal (Martin y Lehnerz, 1991).

Desde esta perspectiva, entendemos que debe conceptualizarse la técnica en el deporte. Los entrenadores, al analizar la técnica deportiva, deben visualizarla como parte de los movimientos naturales de la motricidad humana. Dicho de otro modo, las técnicas deportivas se componen de habilidades motoras. Y ciertamente, en el deporte, es donde mayor riqueza exhibe las habilidades motoras con la generación de las técnicas por cada disciplina deportiva. No es casual que la actividad física y el aprendizaje motor sean integrados en los componentes medulares de las ciencias del movimiento.

Si por ejemplo, examinamos una técnica como el remate de voleibol, su destreza comprende al menos dos habilidades motoras: el salto y el golpear con la mano el balón. Su nivel de dominio en la destreza del atleta con el remate en voleibol dependerá de la capacidad de salto vertical y la coordinación para golpear con la mano el balón. La técnica es la transformación de la naturaleza de la motricidad en uno artificial para conseguir cumplir una tarea de finalidad en el juego o deporte.

La técnica deportiva es el modelo ideal relativo a la disciplina deportiva. Se puede describir basándose en los conocimientos científicos y prácticos. La realización del modelo ideal, al que se aspira, el método de realizar la acción motriz óptima por parte del deportista.

El significado de la técnica deportiva se puede entender mejor cuando podemos clasificarla según la tarea o finalidad por grupo de deportes.

- La técnica como finalidad en sí misma en <u>deportes de destrezas</u> (gimnasia, patinaje, clavados).

- Función reductora de la técnica en los <u>deportes de Resistencia</u> (ciclismo, natación, remo, carreras de distancia).

- Aplicaciones más intensivas de la fuerza y velocidad máxima en <u>deportes de fuerza rápida</u> (halterofilia, lanzamientos, saltos).

- Papel dominante de la técnica específica en <u>deportes tácticos</u> (juegos y deportes de combate).

Los deportes de destrezas son más técnicos y el desarrollo de habilidades motrices exige de una gran capacidad coordinativa. Los deportes de resistencia y fuerza rápida están más relacionados por la técnica con el desarrollo de las capacidades condicionales de la preparación física. Mientras que en los deportes de juegos y combate se manifiesta su finalidad técnica en una situación táctica de ofensiva o defensiva frente al adversario.

Como toda clasificación que se realiza es una síntesis y ciertas disciplinas deportivas se podrían clasificar en una o más de las categorías esbozadas. En este caso podríamos hablar de disciplinas con una técnica combinada. Un ejemplo podría ser la disciplina de la vela que comprende la destreza y la función reductora con la resistencia. Pero lo más importante del análisis es que podamos determinar la función de la técnica para el rendimiento deportivo de cada disciplina o modalidad.

Desde esta perspectiva, resulta útil para todo entrenador que se clasifique la técnica en su disciplina deportiva y la necesidad de su complemento de la preparación sea coordinativa, condicional o táctica. Esto significa que la técnica no se desarrolla aisladamente, sino en complemento o fusión con otra capacidad motriz o táctica. Comprender esta dinámica es el enfoque más pertinente y práctico del entrenamiento técnico.

Tabla 1
Clasificación de técnica y complemento de preparación

Tipo de Deporte	Contenido Técnico	Complemento Preparación
Destreza	Finalidad en sí misma	Capacidad coordinativa
Resistencia	Eficiencia del movimiento	Capacidad condicional
Fuerza rápida	Eficacia del movimiento	Capacidad condicional
Juego y combate	Finalidad táctica	Capacidad Táctica

Fuente: elaboración propia

6.3 Fases del Entrenamiento Técnico

En el desarrollo de la carrera deportiva de los atletas podemos distinguir al menos cuatro fases del entrenamiento técnico.

1. **Fase de Fundamentos**: Comprende la formación multilateral de la condición física y las *técnicas básicas* de la disciplina deportiva. Entre las edades de 5-8 años y una duración de 2-3 años de entrenamiento.

2. **Fase Constructiva**: La *elaboración técnica* es lo más importante y la condición física con los movimientos del deporte con las características cinemáticas y dinámicas. Entre las edades de 9-12 años y una duración de 2-4 años de entrenamiento.

3. **Fase de Rendimiento**: Tanto la técnica, la táctica y la condición física tienen más o menos *el mismo nivel*. En los deportes de Resistencia aeróbica y anaeróbica se colocan en primer lugar. Entre las edades de 13-16 años y una duración de 2-3 años de entrenamiento.

4. **Fase de Alto Rendimiento**: Tiene *preferencia*, según el deporte, la técnica o bien la condición física, aparte de la táctica. Entre las edades de 16 años o más y una duración de 3 años o más de entrenamiento.

Tabla 2
Desarrollo de las Fases del Entrenamiento Técnico

Fase	Contenido	Edades	Duración (años)
Fundamentos	Formación multilateral y técnicas básicas de la disciplina deportiva	5-8	2-3
Constructiva	Elaboración técnica es lo más importante y la condición física con sus características cinemáticas.	9-12	2-4
Rendimiento	Tanto la técnica, la táctica y la condición física tienen más o menos el mismo nivel. En los deportes de resistencia o fuerza rápida se colocan en primer lugar.	13-16	2-3
Alto Rendimiento	Tiene preferencia , según el deporte , sea la técnica o condición física, aparte de la táctica	16>	3>

Fuente: Grosser y Neumaier (1986)

Entre los deportistas para las edades de 6-13 años que está orientado el curso para entrenadores infanto-juveniles comprende las dos primeras fases: fundamentos y constructiva. Estas dos fases se conocen como parte del entrenamiento de base para los principiantes en el deporte.

Una concepción fundamental de la técnica deportiva en el Entrenamiento de Base con los principiantes es que:

- Es un *proceso a largo plazo* de consecución y perfección de técnicas deportivas. Requiere hasta un periodo de diez años o más para lograr desde sus fundamentos hasta el alto rendimiento deportivo.

- El entrenamiento de la técnica se presenta, en lo esencial, dentro de las mismas circunstancias que el *aprendizaje motor*, y en principio no se puede diferenciar de éste. La técnica comprende desde su valor previsto como imagen del movimiento motor hasta su valor efectivo en la realización del mismo.

- El aprendizaje motor comprende la formación, el afinamiento y la perfección de procesos coordinativos en los que se basa una acción motora. Este proceso de aprendizaje se fortalece hasta lograr su dominio con la *automatización* de la técnica.

Componentes del Aprendizaje Motor

Si el aprendizaje motor está relacionado directamente con el desarrollo de la técnica deportiva, debemos considerar sus componentes que van desde el valor previsto hasta su valor efectivo comparado con el objetivo del movimiento perseguido inicialmente.

- Valor Previsto: Captación de las informaciones a través de los órganos sensoriales (óptico, auditivo, prioceptivo, vestibular y cinestésico).

  - Asimilación de la información que llega a los centros nerviosos más elevados.

  - Formación de la imagen del movimiento.

- Programa del Movimiento:

  - Basada en la imagen del movimiento se crea un proyecto del movimiento, incluyendo la memoria del movimiento y las experiencias motrices almacenadas.

  - La técnica consiste con el tiempo de crear una imagen del movimiento lo más completa posible y de transmitirla, y hacer consciente las experiencias sensoriales variadas mediante la ejecución.

- Ejecución: Se intenta disminuir los factores perturbadores (características del terreno y del suelo, las fuerzas contrarias, etcétera) facilitando las condiciones de la ejecución del movimiento técnico.

  - Practicar sin adversario

  - Sin aparatos

  - Aparatos fáciles

  - Terreno preparado

  - El deportista experimentado puede prever los factores perturbadores en su imagen del movimiento y tenerlos en cuenta a la hora de programar el movimiento.

- Retroalimentación: Para conseguir un objetivo motor necesitamos retroalimentaciones durante la acción. Estos son la base para la regulación del movimiento, su coordinación y adaptación a la situación ambiental actual (aparato, compañero, adversario) mediante el mantenimiento o bien en su caso, las correcciones realizadas del programa de movimiento.

- El hecho de que se perciban detalles durante la acción depende de dos aspectos: Automatización de la técnica deportiva y Calidad de su percepción de su propio movimiento se muestra en la sensibilidad frente a los fallos del movimiento.

- Valor efectivo: La retroalimentación respecto al resultado de la acción, la referencia resultante se compara con el objetivo perseguido inicialmente, el valor previsto.

- El resultado de esta comparación entre valor previsto y valor efectivo se incluye en la preparación del siguiente intento.

- La fijación de las partes correctas del movimiento (memoriza lo que ha salido bien).

- La eliminación de los fallos de movimiento.

- En la fase de principiante será insuficiente y necesitará de la ayuda del entrenador.

Gráfico 2
Componentes del Aprendizaje Motor

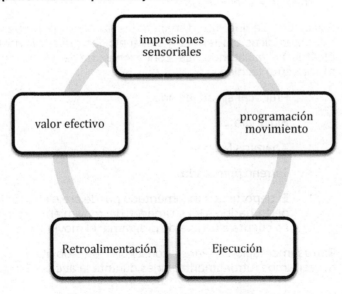

Ejecución Motora

La ejecución motora de los deportistas se fortalece con el desarrollo de las impresiones sensoriales y las auto-órdenes. En las impresiones sensoriales se capta la imagen del movimiento interno y en las auto-órdenes se requiere de los procesos cognitivos para lograr la automatización.

1. **Impresiones sensoriales**:

   - Perfeccionamiento de la imagen del movimiento con experimentar las correspondientes impresiones sensoriales.

   - Aprende a relacionar determinadas retro-informaciones con la calidad de ejecución.

2. **Auto-órdenes:**

   - Ayuda para la programación del movimiento mediante órdenes a sí mismo que son puntos claves de la técnica.

   - Aprende al mismo tiempo a apoyarse de instrucciones a sí mismo, que con el tiempo se abrevian a una o dos palabras.

3. **Automatización:**

   - Un movimiento se considera automatizado si transcurre "por sí mismo", lo que significaría que el deportista puede estar atento a otras cosas.

   - La dirección y regulación del movimiento ocurren sin participación necesaria de la consciencia (Meinel & Schnabel, 1977).

6.4   Medidas Metódicas

Resulta importante que el entrenador conozca la diversidad de las medidas metódicas para el desarrollo de la técnica deportiva de los principiantes. La selección de esas medidas metódicas para los principiantes es facilitar su aprendizaje y el perfeccionamiento de la técnica deportiva.

1. **Asistencia en la ejecución**: La ejecución del movimiento puede ser apoyada por asistencia del entrenador activamente por varias razones, posibilitar su realización y aumentar la seguridad del practicante.

   - Es necesario para *posibilitar* el movimiento global en sí, ya que a menudo faltan en primeros intentos los suficientes impulsos de fuerza para que pueda salir el movimiento (demasiado flojo, dirección falsa, en momento falso).

Resulta importante para la imagen del movimiento activamente (actividad muscular + cinestesia) su ejecución.

- La asistencia implica también un *seguro*, se disminuye el miedo a lesiones o daños en caso de salir mal el movimiento. Puede concentrar su atención con mayor énfasis a la transformación de instrucciones motoras y percepción del movimiento sin pensar en las consecuencias del fracaso del gesto.

2. **Facilidades en el entorno o material**: En el aprendizaje de técnicas deportivas, los puntos de referencia del material tienen varias funciones.

- El entorno se organiza de manera que el movimiento salga con mayor facilidad o incluso por sí solo.

- Mediante la utilización de ayudas en la batida o despegue se puede prolongar artificialmente la fase de vuelo de los saltos. De esta manera el deportista tiene suficiente tiempo para realizar los movimientos necesarios en el aire, o usar carrera a la máxima velocidad y sin tener que realizar una batida con máxima fuerza.

- Aparatos de seguridad para quitar miedos de lesiones o dificultades.

3. Eliminación o simplificación: En las técnicas complejas y difíciles el procedimiento frecuente es el de eliminar al principio una o varias partes del movimiento, haciendo participar aisladamente la parte principal o aquello de la parte técnica que consideramos decisiva.

- Para cada técnica compleja se tiene que comprobar, si no se pueden sustituir, los movimientos difíciles de las fases preparatorias, por otros más difíciles, sin que cambie demasiado su estructura motriz de la técnica en los elementos parciales a practicar.

4. **Ejecución frenada del movimiento**: La realización más lenta del movimiento sirve para alcanzar el orden cronológico de los movimientos parciales y para elaborar la estructura especial del movimiento.

- Se necesita un soporte en forma de ayuda, ya que faltan los impulsos necesarios para que el movimiento en cámara lenta pueda resultar bien.

- La ejecución frenada del movimiento permite reflexionar y dirigir conscientemente cada parte del movimiento, lo que es casi imposible para el principiante realizando el movimiento a velocidad normal.

- Se puede relacionar la ejecución frenada del movimiento con el entrenamiento mental.

5. **Practicar con aparatos sencillos**: En los principiantes que requiere de uso de implementos u aparatos para la ejecución técnica se reduce la dificultad para la mejora del movimiento.

   - Si la técnica incluye la utilización de un aparato al deportista se le hace practicar en estado de principiante con un aparato más ligero o totalmente sin aparato.

   - Se consigue de esa forma un recorrido espacio-temporal del movimiento de manera que se obtiene una impresión total de la técnica.

6. **Practicar sin compañero o adversario**: En los principiantes es importante que domine lo antes posible la estructura básica de la técnica. Se tendrán que quitar fallos en el movimiento.

   - En los deportes de lucha y en los juegos deportivos se ha de realizar la técnica primero sin compañero, y adversario, o bien con adversarios pasivos o incluso colaboren.

   - La concentración se tiene que fijar en el propio movimiento ya que la capacidad de asimilar informaciones está reducida.

   - Si en esta etapa se incluye un adversario sería una sobrecarga y retrasaría la fijación del programa motriz.

7. **Practicar con aparatos estáticos**: El acertar con exactitud una pelota en movimiento en los juegos deportivos se convierte en una dificultad especial.

   - Para disminuir las exigencias a la asimilación de informaciones del principiante se eliminan la trayectoria y velocidad de la pelota.

   - Se practica el movimiento con la pelota parada o mantenida durante el tiempo necesario para dominarlo, hasta conseguirlo sin que la concentración excesiva en la adaptación o trayectoria de la pelota en movimiento, ya no implique un fracaso total de la técnica.

8. **Ayudas Referenciales**: El principiante tiene problemas especiales con la orientación espacial durante su movimiento.

   - En la práctica se utilizan como ayudas de orientación visual, las marcas, las líneas, las barras u otras parecidas.

   - Ayudas también referenciales también se pueden dar acústicamente. Por ejemplo marcar el ritmo del movimiento y momentos principales dinámicos del movimiento con palmadas, acompañamiento vocal, gritos, etcétera.

9. **Aumentar la retroalimentación**: Las percepciones kinestésicas llegan a la corteza cerebral de manera muy reducida. Se crean dificultades especiales al aprender una técnica deportiva no se compensan las pocas posibilidades de regulación a través de referencias kinestésicas mediante la supervisión visual del movimiento.

  - Para asegurar la información necesaria se utiliza el principio de Aclaración (Polman, 1977), se aumentan las informaciones básicas de la percepción motriz con aparatos de mayor peso o aparatos especiales para las manos o pies.

  - Incrementada la retroalimentación facilita en el deportista la asimilación y utilización de la misma para la regulación del movimiento.

6.5   Entrenamiento Técnico para Principiantes

Resulta importante que durante el entrenamiento técnico para los principiantes considerar los cuatro aspectos medulares de los objetivos, las medidas metódicas, la retroalimentación y la estructura.

1.   Objetivos:

  - Adaptación al objetivo técnico, desarrollo de una *imagen global* del movimiento.

  - Facilitar las *experiencias motrices* básicas para su familiarización con la técnica deportiva.

  - Aprender la *estructura básica* del movimiento (coordinación global del movimiento) con la eventual clasificación de las destrezas motoras en cíclicas o a-cíclicas. Esto supone esencialmente identificar el *orden y ritmo* del movimiento.

2.   Medidas Metódicas:

  - Demostración de la técnica para el desarrollo de una imagen global de la técnica.

  - Explicación de la técnica con un mensaje abreviado y frases claves que se conviertan en comandos para su ejecución.

  - Ejercicios constructivos en condiciones más fáciles (medidas) para facilitar su aprendizaje.

3.   **Retro-alimentación**:

- Pocas instrucciones

- Atención a los puntos esenciales o claves de la destrezas

- Evitar explicaciones largas

4.   **Estructura:**

- Estructura Global: elaborar una estructura del movimiento general.

- Estructura Espacial: orden cronológico de los movimientos parciales.

- Estructura Cinemática: el ritmo del movimiento de la técnica deseada, el impulso de la fuerza y las partes de la aceleración.

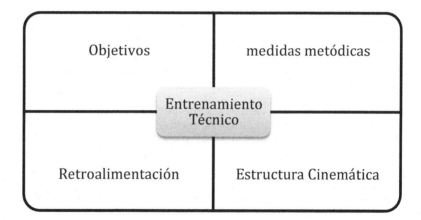

6.6   La Capacidad Táctica y Aprendizaje

En el entrenamiento de base para los principiantes se requiere la aplicación de la técnica en las condiciones específicas de la competición. Aunque la táctica se puede analizar de diferentes perspectivas por la evolución histórica de su estudio, con el carácter dualista, los estructurales y los de interacción motriz. Hemos seleccionado el carácter dualista, ya que comprende la vinculación directa de la técnica y la táctica.

Partimos de la premisa, de que la capacidad táctica es la aplicación de la técnica en el entrenamiento y la competencia. Esto supone para el deportista, el dominio de las técnicas automatizadas y estables, frente a las perturbaciones internas o externas en el entorno de la competencia. La táctica es resultado y consecuencia, cuando se entrenan las técnicas en una disciplina deportiva, en condiciones planificadas lo más diversamente posible, variables y específicas de la competencia.

Entre los métodos del entrenamiento de aplicación técnica se distinguen cuatro tipos. Los primeros dos tipos son el de la realización del ejercicio y su variación comprende el perfeccionamiento de los fundamentos técnicos. En el tercer tipo con el método de las variantes más difíciles de las condiciones de competición se manifiesta más decisivamente la táctica. En el cuarto tipo con las actividades de entrenarse en las condiciones de competición se materializa específicamente la táctica.

1.   Método para la <u>realización</u> del ejercicio.

2.   Método para la <u>variación</u> del ejercicio.

3.   Variantes más <u>difíciles</u> para las condiciones de competición.

4.   Entrenarse en <u>condiciones de competición.</u>

En los deportes de combate y equipo se constituyen en el componente de mayor exigencia táctica. Se reconocen con mayor facilidad los déficits de la capacidad táctica de los atletas en su comportamiento dentro de la competencia que en otras disciplinas deportivas. En los deportes individuales se manifiesta la táctica con la elección y la distribución del esfuerzo en el rendimiento con la variante de un entorno estable o inestable.

De la Situación a la Acción

Aunque con el tercer y cuarto tipo de los métodos de aplicación técnica se trabaja con la capacidad táctica de los atletas, en condiciones de la competición, debemos adentrarnos en los componentes de su desarrollo. El modelo cognitivo de la táctica con las propuestas de Mahlo (1974) se plantea el esquema mental, tanto de las situaciones como las acciones, en la competencia. Necesitamos definir los elementos de las situaciones, las decisiones y las acciones de la táctica para el aprendizaje y perfeccionamiento de los atletas.

El desarrollo de la capacidad de anticipación condicionada por la experiencia con la percepción de las situaciones y las reacciones en acciones exitosas para la resolución de las tareas de la competencia. La táctica en fin, son las acciones técnicas, pero no en una forma aislada, sino en el contexto de la resolución de las tareas en la competencia. Es el contexto de la competencia, bajo la influencia directa o indirecta del adversario, donde las técnicas deportivas adquieren el significado completo de la táctica, y que comprende las capacidades de los atletas, desde la percepción de una situación, las decisiones a tomar y las acciones a realizar.

Situaciones

Las situaciones son momentos tipificados del juego o la competencia que constituyen esquemas de anticipación y se refieren a desarrollos previstos de la acción y la toma de decisiones. Las situaciones se pueden clasificar: en simples y complejas. Las situaciones se aprenden memorizándose desde las reglas básicas hasta sus decisivos desenlaces en el juego o la competencia.

Situaciones Simples: son predecibles y explícitas en el juego o la competencia. Se deducen de los conocimientos o reglas que van desde el transcurso general del juego hasta las ofensivas específicas. Su aprendizaje es explícito e intencional de las reglas de causa – efecto con una intervención directa del entrenador con la explicación de la estrategia y lógica del juego al atleta.

Su aprendizaje desarrolla la capacidad de memoria situacional con métodos de verbalizar el comportamiento propio o del adversario mediante videos y juegos verificados. Se utilizan una progresión de su aprendizaje explícito de las situaciones de juego o competencia mediante: contrarios pasivos, rivales cuasi-activos y adversarios activos. Su dominio de las situaciones previsibles se alcanza cuando se realizan con una segunda intención en el desarrollo del movimiento técnico mediante una finta o engaño.

Situaciones Complejas: son poco predecibles o de difícil anticipación en el juego o las competencias. Se inducen de las preferencias de las acciones en el transcurso del juego libre o modificado para mayor ventaja en las soluciones de situaciones complejas de la competencia. Se utilizan para su desarrollo con el aprendizaje inductivo e implícito con adversarios tácticamente comparables.

Decisiones

Las decisiones son el desarrollo de esquemas para las soluciones mentales que se debe responder con el qué y el cómo en una situación de juego o competencia. Se clasifican las decisiones en dos tipos de elecciones.

Primer Tipo: ¿Qué? La elección para resolver una situación simple que comprende el 80% de las decisiones tácticas del juego o la competencia. Se elige la de mayor valor de éxito situacional. La capacidad de tomar decisiones de los atletas o jugadores consiste en valorar las posibilidades de éxito en cada situación del juego o la competencia mediante reglas simplificadas e ideas del juego.

Segundo Tipo: ¿Cómo? La elección para resolver una situación compleja, imprevista o de difícil anticipación en el juego o la competencia. La capacidad de tomar decisiones del atleta o jugador con la realización de una acción con un criterio concreto de forma espontánea se hace mediante asociaciones y valoración de sus posibilidades de éxito. El desarrollo de las habilidades técnicas y tácticas se logra en confrontación directa con mini-juegos.

Acciones

Las acciones es una ejecución técnica para la resolución de una tarea que conduce a un resultado. Se materializa la técnica en el contexto de la situación del juego o competencia. Una acción es una secuencia motriz que podemos clasificarla en: oposición, ataque y defensa, y colaboración.

- **Oposición**: es una secuencia motriz básica para el logro de un objetivo físico. Predomina en los deportes de rendimiento y destrezas pero comprende las instancias de los diferentes deportes con sus esfuerzos de superar en una capacidad física al adversario.

- **Ataque y defensa**: es una modificación de una secuencia motriz con una elección técnica con una finalidad ofensiva y defensiva. Predomina en los deportes de combate y raqueta, con la denominación de la *táctica individual* que en rol del jugador de atacante o defensor en los deportes de conjunto. Una ecuación sería entonces de: Oposición + Ataque-defensa.

- **Colaboración**: es una modificación de una secuencia motriz con una elección técnica con una finalidad ofensiva y defensiva, pero con la interacción de dos o más jugadores que conforman la *táctica colectiva* Oposición + Ataque- Defensa + Colaboración.

Entrenamiento de la Capacidad Táctica

Cuando entrenamos la capacidad táctica podemos identificar tres fases: la configuración global, los esquemas de anticipación y el pensamiento táctico.

Primera Fase: Configuración Global

Debemos saber percibir y reconocer la forma de la situación de juego, lucha o competencia.

Segunda Fase: Esquemas de Anticipación

Aprender y afianzar esquemas con representaciones mentales de las situaciones para las acciones del juego o la competencia. Se requiere de simplificaciones técnicas y tácticas de las situaciones para su desarrollo.

Tercera Fase: Pensamiento Táctico

Aprendizaje del pensamiento estratégico (planteamientos) y táctico (alternativas en las decisiones) con la memoria situacional, comprensión de las probabilidades y configuración de asociaciones complejas.

- **Memoria Situacional**: método de verbalizar el comportamiento propio o del adversario en videos y juegos verificados, desde la banca en su transcurso del entrenamiento o competencia.

- **Comprensión de probabilidades**: métodos de pronóstico y medios interactivos, en situaciones simplificadas y complejas que permite comprender las diferentes acciones de ataque y defensa individual, grupo o equipo.

- **Configuración de asociaciones complejas**: el desarrollo de asociaciones complejas o concatenadas practicando con el propio equipo o de otros en ocasiones el jugador en rol de la perspectiva de árbitro o dirigente.

Síntesis

- El SNC facilita el proceso de aprendizaje motor en la fase pre-puberal el alto registro de la información como la capacidad de imitar proveen las condiciones para el aprendizaje espontáneo y natural.

- En la fase puberal aunque el aprendizaje es menor a la pre-puberal por la diferenciación e inhibición del movimiento tiene mayor capacidad para convertir los movimientos en hábitos motores.

- La técnica parte de los movimientos naturales que se surgen en el desarrollo de la motricidad.

- La elaboración de la técnica es lo más importante y la condición física de su movimiento.

- La técnica en el entrenamiento es un proceso a largo plazo, es parte del aprendizaje motor y logra su dominio con la automatización.

- Se requiere de medidas metódicas para facilitar el aprendizaje de los participantes hacia el perfeccionamiento de la técnica.

- La táctica es el resultado y consecuencia de las acciones técnicas, diversas, variables y específicas de la competencia.

Auto-evaluación

1. Explicar la importancia de la maduración del Sistema Nervioso Central (SNC) y las capacidades coordinativas en el aprendizaje técnico de los niños.

2. ¿Por qué no debemos mantener por separado los conceptos de las habilidades motoras y las habilidades deportivas?

3. ¿Cuáles son las premisas de la concepción de la técnica deportiva en el entrenamiento de los principiantes?

4. Resume los objetivos, las medidas metódicas y la retroalimentación en el entrenamiento técnico de los principiantes.

5. Describir las fases del entrenamiento de la capacidad táctica.

Referencias

* Grosser, Manfred y Neumaier, August (1986) Técnicas de entrenamiento: teoría y práctica de los deportes. Editorial Martínez Roca, S.A. Barcelona, España.

* Hohmann, Andreas, Lames, Martin y Letzeier (2005) Introducción a la Ciencia del Entrenamiento. Editorial Paidotribo, Barcelona, España.

* Hernández Moreno, José (1998) Fundamentos del deporte: Análisis de las estructuras del juego deportivo. INDE Publicaciones, Barcelona, España.

* Martin, Diestrich, Jürgen, Nicolaus, Ostrowski, Christine y Rost, Klaus (2004) Metodología general del entrenamiento infantil y juvenil. Editorial Paidotribo, Barcelona, España.

* Nitsh, Jürgen, Neumaier, August, Marées de, Herst y Mester, Joachim (2002) Entrenamiento de la técnica: contribuciones para un enfoque interdisciplinario. Editorial Paidotribo, Barcelona, España.

* Sampedro, Javier (1999) Fundamentos de Táctica Deportiva: Análisis de la Estrategia de los Deportes. Editorial Gymnos, Madrid, España.

* Solá Santesmases, Josep (2010) Inteligencia Táctica Deportiva: Entenderla y entrenarla. INDE Publicaciones, Barcelona, España.

* Weineck, Jürgen (1988) Entrenamiento óptimo. Editorial hispano europea, España.

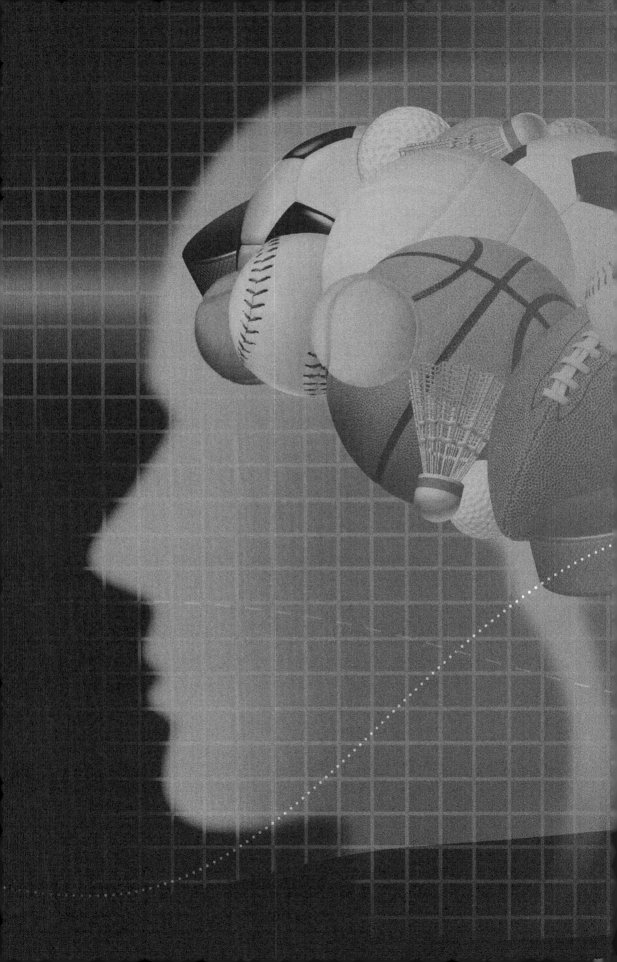

Lección 7

Las Capacidades Psicológicas y Cognitivas en el Entrenamiento

CONTENIDO

Lección 7

Las Capacidades Psicológicas y Cognitivas en el Entrenamiento

Resumen

El propósito de esta lección es que el entrenador comprenda la importancia del desarrollo de las capacidades psicológicas y cognitivas en el entrenamiento deportivo. Para ello deberá entender los aspectos sobre el desarrollo de la personalidad, el aprendizaje social y la motivación de los niños con la práctica del deporte. El entrenador conocerá los objetivos, las condiciones y los contenidos para la optimización del rendimiento deportivo infanto-juvenil, en particular las gestiones de las emociones que resultan ser limitantes en el entrenamiento y competencia de los participantes.

Objetivos

1. Definir la capacidad psicológica y cognitiva, su importancia entre los componentes de la capacidad de rendimiento deportivo individual.

2. Describir las etapas evolutivas del pensamiento, la identidad, el comportamiento social y la caracterización de la moral en el desarrollo de los niños.

3. Entender los aspectos sobre el desarrollo de la personalidad, el comportamiento social y la motivación de los niños en el deporte.

4. Elaborar estrategias cognitivas y psíquicas para manejar las emociones perturbadoras de los niños en su desarrollo como el miedo, la vergüenza y la rabia en la práctica deportiva.

7.1   Introducción

Es frecuente, cuando no se cumplen con las expectativas de rendimiento de los atletas, se discutan las deficiencias tácticas o técnicas, pero pocas veces se habla de las psicológicas. Excepto en condiciones, cuando la demostración sea evidente con el pésimo rendimiento en la competencia del atleta representando a su País para designarlo como resultado de los efectos del "Frío Olímpico." En esta frase, donde se describe el rendimiento con la temperatura gélida en el escenario más competitivo a nivel mundial, es que mejor se sintetiza la deficiencia de la preparación psicológica de nuestros deportistas y la ausencia de un entrenamiento mental óptimo.

Los entrenadores podemos dar el primer paso para superar esta gran limitación histórica en la preparación de los atletas, si desde la preparación deportiva, en el nivel infanto-juvenil, reconocemos que las investigaciones teóricas y empíricas sobre el significado y la influencia de las *disposiciones psíquicas* es un importante *recurso* para alcanzar el alto rendimiento deportivo.

Esto supone que la *preparación psicológica* se convierte en algo tan necesario como la preparación técnica, la táctica y la física de los atletas. Así como con el entrenamiento físico se desarrollan las capacidades coordinativas y condicionales, en el entrenamiento técnico y táctico con las habilidades y destrezas motrices, en el entrenamiento mental se expresa con el desarrollo de los factores psicológicos. La dificultad de los entrenadores consiste en no visualizar los aspectos psicológicos concretamente en el entrenamiento integral del atleta y formar parte de los planes diarios de su preparación deportiva.

De hecho, se considera que las diferencias entre las destrezas técnicas y preparación física entre los atletas son cada vez menores, resultando ser similares en los atletas elite, los especialistas han llegado a la conclusión de que la preparación psicológica permiten al deportista *"jugar con ventaja"* y obtener el máximo rendimiento deportivo. Por tal razón, existe una mayor conciencia de la importancia de la preparación psicológica y el entrenamiento mental en el deporte contemporáneo.

Jurgen Weineck (1988:351) hace más de dos décadas nos expuso que el entrenamiento psicológico para la mejora de la capacidad de rendimiento deportivo se clasifica en tres grupos, según su objetivo.

1.   Métodos psicológicos para mejorar la *reconstitución de las capacidades físicas* que determinan el rendimiento. Su ámbito de aplicación es en la recuperación y regeneración de las energías físicas y psíquicas mediante la auto-sugestión y la relajación muscular para eliminar con mayor rapidez los efectos de la fatiga.

2. Métodos psicológicos que mejoran el *proceso de entrenamiento*. Su ámbito de aplicación es en la mejora del movimiento y el aprendizaje técnico por medio del entrenamiento mental (verbalización y visualización) para facilitar en la práctica su representación mental del movimiento.

3. Métodos psicológicos que eliminan los *factores de perturbación psíquica* que perjudican el rendimiento deportivo. Su ámbito de aplicación en el aspecto psíquico es suprimir en el atleta, contra la ansiedad sin motivo, el temor al fracaso, la inquietud que inspira el adversario considerado más fuerte, etcétera.

Martínez, Moya y Garcés (2013) definen el entrenamiento psicológico como: "el optimizar las *condiciones internas* del deportista para lograr la expresión del potencial físico, técnico y táctico adquirido en el proceso de preparación." Debemos entender que la mejora de la eficacia y el rendimiento deportivo se logra con optimizar las condiciones internas del atleta en el desarrollo de la *disposición psicológica* en el aprendizaje técnico, el pensamiento táctico y la adaptación al esfuerzo físico del entrenamiento y la competencia.

Pablo García Almán (2012) nos recuerda que toda actuación deportiva tiene un componente físico, un componente técnico, un componente táctico y un componente psicológico. Pero que no son cuatro acciones diferentes, sino componentes de una misma actuación. *Eficacia* en la calidad de la ejecución y *Rendimiento* en la calidad de los resultados.

Hohman, Lames y Letzeir (2005) exponen que las características psíquicas se componen de cuatro componentes (cognitivas, motivacionales, volitivas y sociales) y destacan las *capacidades cognitivas*. Es un requisito psíquico del rendimiento, una relación directa con la calidad de la acción táctica y el desarrollo técnico motriz. La capacidad cognitiva comprende la capacidad de la percepción y el desarrollo de pensamiento, que se vincula directamente con el componente táctico, en la toma de las *decisiones* y en la *resolución de los problemas* en las situaciones de la competencia.

Aunque por lo regular, la capacidad cognitiva suele integrarse dentro de las técnicas psicológicas, se define concretamente este ámbito como parte de las estrategias cognitivas que incluye las acciones de un deportista para *resolver distintos tipos de problemas* en la competición y en el entrenamiento.

La psicología deportiva estudia todos los aspectos psicológicos de la práctica deportiva que comprenden entre otros: la personalidad, la motivación, las emociones y el estrés (ansiedad). Las diferencias entre los deportistas de más éxito radican en el aprendizaje y experiencias con las habilidades psicológicas. Los atletas exitosos "juegan con ventaja" ya que entre sus habilidades y destrezas psicológicas pueden: controlar el estrés de la competencia, mejoran la concentración, aumentan la confianza en sí mismos, incrementan los niveles de comunicación y la fluidez en las relaciones interpersonales.

Componentes de la Preparación Psicológica

Entre los componentes generales que todo programa de preparación psicológica y para "jugar con ventaja" debe contemplar:

a. <u>Características del deportista</u>: edad, nivel competitivo, historia personal, trayectoria deportiva, motivación, aspiraciones, presiones percibidas, recursos, apoyo familiar y social, aspectos socioculturales, etcétera.

b. <u>Requisitos técnicos del deporte/prueba</u>: es necesario conocer los requisitos técnicos del deporte y la prueba. En específico debemos saber las condiciones físicas y psicológicas que se necesitan para competir y alcanzar rendimiento óptimo.

c. <u>Fases y objetivos específicos del entrenamiento</u>: los requisitos técnicos, físicos y psicológicos no son los mismos a lo largo del entrenamiento. Varía considerablemente por la fase y el periodo de la temporada.

En términos de los componentes generales del diseño del programa de preparación psicológica, las características del deportista que ocupa nuestra atención es entre las edades de 6-13 años y correspondientes con el nivel *infanto-juvenil* de participantes que se inician en la práctica deportiva. Los requisitos técnicos del deporte/prueba están facilitados por competencias modificadas en formatos de *mini-juegos* y orientadas en el *desarrollo de las destrezas técnicas*. En cuanto a las condiciones físicas están centradas en las *capacidades coordinativas* y el atender las *deficiencias musculares* con ejercicios para el desarrollo de la fuerza funcional y la movilidad.

En el entrenamiento infanto-juvenil debemos conceder más importancia en el entrenamiento psicológico a las medidas del *desarrollo personal*, el aumento de la capacidad de concentración y de la voluntad, la educación para la seguridad en sí mismo, la estabilización de la identidad que al éxito deportivo del niño, del equipo o de la federación deportiva.

7.2   Desarrollo de la personalidad

Félix Guillén García (2003) nos plantea que el tema de la personalidad y el deporte suscitan dos preguntas:

1. ¿Cambia la personalidad de alguien como consecuencia con la participación en el deporte, y si es así, cómo?

2. ¿Se requiere de la posesión de una determinada característica de la personalidad, o al menos de un factor de predisposición, para la práctica de un cierto deporte en un nivel específico?

Aunque ambas preguntas tienen respuestas afirmativas para el sentido común, resulta importante que se maticen con bastante precisión. En la pregunta sobre los cambios de la personalidad con la práctica del deporte no se ha demostrado en investigaciones empíricas, sino que puede tener una influencia favorable en el desarrollo de *características positivas* como la perseverancia, la deportividad, el valor, la capacidad de aceptar la derrota y otros aspectos del funcionamiento social. Pero también puede implicar *características negativas* en su desarrollo como la agresividad, el egoísmo, la intolerancia, la envidia, etcétera.

Más bien se trata de que las influencias favorables con la práctica deportiva resultan medios idóneos en la *ética de la formación del carácter* de los deportistas en el *aprendizaje social* y la *extraversión* (dominio, agresividad y orientación al rendimiento) que podrían ser transferidas tales aptitudes a otros sectores de la vida en la sociedad. Pero de igual modo, podría también ser una influencia desfavorable de las características negativas por un efecto deformante del carácter de los deportistas y en su adaptación social.

En general, no se ha conseguido demostrar que la participación en el deporte (de alto nivel) conduzca a cambios en la personalidad. Lo mismo aplica a la influencia del entrenamiento deportivo sobre la personalidad, aunque se han confirmado cambios en el *concepto de sí mismo*. Esto supone un mejor auto-concepto, una representación global que se tiene de sí mismo y la auto-estima que comprende una valoración de su capacidad. La confianza en sí mismo con un auto-concepto y la auto-estima de los atletas se consideran predictores del rendimiento deportivo.

Los jóvenes deportistas no necesitan ninguna característica de la personalidad fuera de lo normal, sino de capacidades físico motoras adecuadas y las características de motivación personal. Es decir, una motivación para el rendimiento que asegure el éxito en una propuesta con un objetivo realista. Una propuesta de entrenamiento y compromiso de asumir *la responsabilidad con uno mismo*, siendo disciplinado para atribuirse el rendimiento propio a uno mismo, sin culpar a los demás o la mala suerte por sus dificultades o fracasos.

La diferencia de los deportistas y no deportistas consiste en la extraversión y la necesidad de excitación. Los deportistas presentan mayores niveles de satisfacción por los esfuerzos realizados y entusiasmo de encuentros con las personas. Mayores dosis de autodominio, ansias de poder y persistencia en el esfuerzo, y que la propia práctica deportiva facilitan comportamientos que pueden transferirse a las actividades extradeportivas, pero también de mayores niveles de ansiedad (Guillén García, 2003).

La personalidad es el conjunto de características que diferencian a las personas, las hacen únicas, determinando sus estilos cognitivos, emocionales, motivacionales y conductuales. Estas características le dan cierta estabilidad a su comportamiento en diferentes situaciones. Una determinada característica psicológica puede predisponer a un deportista a una conducta concreta, pero esta no necesariamente aparecerá en todas las situaciones, sino que su ejecución dependerá de las condiciones y demandas contextuales.

Estilos Cognitivos

Ciertos patrones diferenciales e individuales de reacción ante la estimulación recibida con el procesamiento mental de la información, y en definitiva del aprendizaje y de afrontamiento cognitivo de la realidad.

Estilo perceptivo: Algunos estilos perceptivos son relevantes en cuanto de la "dependencia-independencia de campo". Es el modo en que las personas coordinan las informaciones procedentes de distintos canales sensoriales, en particular el sentido kinestésico y el de la visión. El estilo independiente de campo es analítico, crítico, de separación y aislamiento de los elementos de un problema o situación dados, mientras el estilo dependiente, es sintético, intuitivo e integrador. Las personas *independientes de campo* funcionan de manera más autónomas en sus relaciones sociales, que abordan de forma impersonal. Pueden identificar un objeto en el espacio de una forma más rápida y fácilmente que las *dependientes de campo*. Cuando está en juego la percepción de objetos es preciso adoptar decisiones rápidas y la dependencia o independencia de campo puede constituir una variable relevante. Dicho de otro modo, mientras más rápido haya que tomar decisiones se requiere mayor capacidad perceptiva en el campo.

El estilo de reflexividad o impulsividad

Se refiere a la diferencia en la reacción de personas enfrentadas a situaciones problemas en las que existen diferentes formas de solución. Algunos sujetos actúan primero, eligiendo y desarrollando una idea para contrastar si la idea es correcta o no, mientras otros sujetos reflexionan antes de emprender una determinada acción. En cualquier caso la dimensión de reflexividad-impulsividad puede ser objeto de educación.

Simplicidad o complejidad

Es otro estilo o dimensión mental es la simplicidad – complejidad cognitiva, que se refiere al número y variedad de las categorías con las que las personas conceptualizan el mundo que los rodea, principalmente las personas a su alrededor. Se considera deseable un estilo liberal o flexible de pensamiento frente al estilo rígido, autoritario.

Ansiedad

La ansiedad constituye otro patrón característico de la personalidad. Pero en términos de conducta y aprendizaje. La ansiedad está relacionada con el rendimiento y la personalidad. Cuando se generan nivel mínimos y máximos de ansiedad se asocian con ejecuciones de rendimientos pobres. En *grados medios de ansiedad* se relaciona con un mejor rendimiento. La alta ansiedad puede resultar en la solución de tareas simples pero interfiere con las tareas difíciles en el deporte. Los niveles medios de ansiedad parecen ser más favorables también en los procesos de aprendizaje técnicos y tácticos.

Tabla 1
Estilos Cognitivos

Estilos	Contenidos	Clasificación
Perceptivo	Modo que coordinan la información procedentes de diferentes canales sensoriales	Independientes o dependientes
Reacción	Diferencia en la reacción frente a situaciones problemas	Reflexivo o impulsivos
Conceptualizar	Cómo entienden al mundo que los rodea y a las personas	Flexible o rígido
Ansiedad	La ansiedad como patrón característico de la personalidad asociados con aprendizaje y rendimiento	Niveles mínimos o máximos

Fuente: varios autores

Personalidad del deportista infanto-juvenil (6-13 años)

El desarrollo de la personalidad para el deportista infanto-juvenil debemos considerar la capacidad cognitiva, los aspectos de la identidad en su dimensión psicosocial y la caracterización moral. Pero lo más importante de las teorías sobre la personalidad es sus implicaciones para comprender el desarrollo de la personalidad en el deporte.

Desarrollo cognitivo

En la dimensión cognitiva se manifiesta una capacidad intelectual notable en el desarrollo de estrategias cognitivas para comprender y resolver problemas. En las etapas cognitivas de Jean Piaget (1965) por grupos de edad comprende el de las operaciones concretas y formales. Esto significa que puede aplicar la lógica y comparaciones con objetos concretos entre las edades de 7-11 años, y en 12 años en adelante con la capacidad de resolver problemas abstractos con una explicación de causa y efecto.

En el desarrollo cognitivo estamos en una etapa de *transición* de las operaciones concretas al de las operaciones formales que vamos desde el razonamiento lógico al del pensamiento crítico. Un verdadero salto cualitativo del pensamiento que se manifiesta en la mejora de la lógica a la capacidad de resolver problemas abstractos y de mayor complejidad.

Tabla 2
Etapas Desarrollo Cognitivo de Jean Piaget (1965)

Edades (años)	Etapa Cognitiva	Capacidad de Pensamiento
2-7	Pre-operacional	Es capaz de pensar lógicamente en operaciones unidireccionales. Desarrollo gradual del lenguaje y pensar simbólicamente
7-11	Operacionales concretas	Puede aplicar la lógica, principios y comparaciones con objetos concretos
12 en adelante	Operacionales formales	Capaz de resolver problemas abstractos de manera lógica. Desarrollo de un pensamiento crítico

Fuente: www.wikipedia.org

En muchas ocasiones en particular en los deportes de conjunto pretendemos enseñar jugadas con estrategias y formaciones geométricas en sistemas ofesnivos o defensivos, cuando apenas los participantes pueden entender la lógica del juego. Esto en parte se debe que no son capaces de realizar operaciones abstractas y de razonamiento. Resulta mejor que se pueda simplificar el juego y que las acciones sigan ideas concretas para su ejecución.

Etapas Psicosociales

Una teoría sobre el desarrollo de la personalidad y del "yo" es la de Erik Erikson que se conoce como psicosocial. Su planteamiento es que el desarrollo del "yo" es un proceso de toda la vida. Cada etapa incluye una *crisis de identidad* que debe ser resuelta satisfactoriamente con un equilibrio de rasgos positivo con el negativo correspondiente.

Las etapas correspondientes en el entrenamiento infanto-juvenil es el de la laboriosidad frente a la inferioridad en el desarrollo de la autoestima mediante la comparación de sus habilidades con sus pares. Si su habilidad no está a la par con sus pares, su autoestima se afecta y buscan la protección de sus padres. La llegada de la pubertad hasta la adolescencia corresponde con la etapa de la crisis de la identidad versus la confusión. Se requiere entonces de un desarrollo con un sentido coherente del yo e incluye el destacar el papel que juega en la sociedad. Sobresalen con las habilidades, necesidades e intereses que se puedan expresar socialmente de modo favorable. La naturaleza caótica del adolescente se debe a su conflicto de identidad que se manifiesta en la elección de una ocupación, la adopción de los valores en qué creer y por qué vivir, el desarrollo de una identidad sexual satisfactoria.

Tabla 3
Etapas desarrollo Psicosocial de Erik Erikson (1974)

Edades	Etapas	Equilibrio
12-18 meses	Confianza vs desconfianza	Seguridad del mundo externo
12 meses a 3 años	Autonomía vs vergüenza	Cambio del control externo al autocontrol
3-6 años	Iniciativa vs culpa	Balance entre lo permitido y no
6 – pubertad	Laboriosidad vs inferioridad	Comparar sus habilidades con los pares.
Pubertad hasta primeros años edad adulta	Identidad vs confusión	Desarrollo coherente del yo y su papel en la sociedad
20-40 años –adultez	Intimidad frente aislamiento	Sabe quién es y no tiene que probarse a sí mismo. Puede ser tan abierto que podrían alcanzar la promiscuidad.

Fuente: www.wikipedia.org

Es común que se pretenda desde los 6 años hasta la pubertad el asunto de la comparación de las habilidades o rendimiento entre el niño y sus pares. La falta de balance y el ser motivo para sentirse inferior a los demás sea por refuerzos o presiones del grupo, debe ser encaminado hacia la laboriosidad, representada por la disciplina y perseverancia de continuar superándose. Valorar su propio rendimiento contra si mismo. Ese deseo de auto-superación se conoce en la antigüedad clásica por los griegos como ´´aethlos´´superación y combate contra las limitaciones físicas o espaciales.

Etapas Desarrollo Moral

En el estudio del desarrollo cognitivo ya Piaget (1965) había considerado el asunto del razonamiento o juicio moral de las etapas del ser humano. Este tema fue ampliado por Lawrence Kolhberg (1981) que clasifica la moral en tres tipos: pre-convencional, convencional y post-convencional.

En el entrenamiento infanto-juvenil corresponde con *la moral convencional* y la etapa 3 con la **orientación del niño bueno**, se valoran las normas según complazcan, ayuden o sean aprobadas por los demás. Se evalúa la intención de la persona y se tiene en cuenta la circunstancia. Una manifestación es lo que se conoce como reciprocidad: *"Si tú haces algo por mí, yo hago algo por ti".* La moral convencional incluye además la etapa 4 con la preocupación y conciencia social, se toman en consideración la voluntad de la sociedad reflejada en la ley o reglas. Lo correcto es la obediencia a las normas que mantiene el orden social, por lo tanto no debe transgredirse.

Tabla 4
Etapas del Desarrollo Moral según Lawrence Kohlberg (1981)

Edades	Tipo de Moral	Etapas
Niñez (4-10 años)	Pre-convencional	Orientación hacia el Castigo y la Obediencia
		Hedonismo ingenuo: siguen las reglas con fines egoístas
Pubertad (11-13 años)	Convencional	Orientación del niño bueno: reglas sociales
		Preocupación y conciencia social
Adolescencia a la Adultez (13 años o más)	Post-convencional	Orientación al contrato social
		Principios éticos universales

Fuente: www.wikipedia.org

Implicaciones en el deportista infanto-juvenil

Las implicaciones de las teorías en el desarrollo de la personalidad del deportista infanto-juvenil resultan muy útiles para el entrenamiento deportivo. El desarrollo coherente de la personalidad del deportista se fortalece y consigo en el contexto de la mejora de la capacidad cognitiva mediante el pensamiento lógico y abstracto le permite un mejor razonamiento del juego. El desarrollo coherente del yo e identidad con destacar las destrezas y habilidades logradas con superación y esfuerzo, además por el cumplimiento de las reglas así como todo lo relacionado con los valores del juego limpio.

7.3   Comportamiento Social

La conducta humana es función del aprendizaje social y de la fuerza de una situación. Un individuo se comporta según el modo que ha aprendido hacerlo mientras ese comportamiento sea compatible con las imposiciones del ambiente. Cattel (1965) lo resume en la ecuación de R= S x P. En donde R es la respuesta de la conducta de un sujeto, S es una Situación y P es la Personalidad.

**Gráfico 1
Conducta humana (Cattel, 1965)**

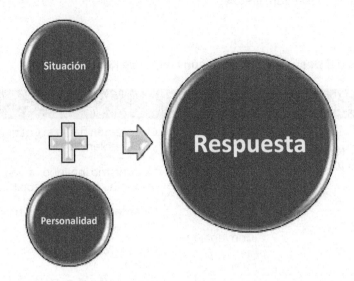

Albert Bandura (1977) amplió la teoría del aprendizaje basada en la interacción. La conducta es influenciada por factores o estímulos del *entorno social* y no únicamente por lo psicológico. El aprendizaje social sugiere que con una combinación de factores del entorno y el psicológico influyen en el comportamiento. Los mecanismos de aprendizaje de la conducta se basan en el modelado y el reforzamiento social. Dicho de otro modo, se aprende socialmente por modelos de imitación y estímulos para reforzar la conducta deseada.

La reflexión sobre el comportamiento social constituye parte del aprendizaje social. Esto incluye el trato con los otros, el respeto por los demás, la solidaridad, la cooperación y la resolución de conflictos.

Seirul-lo (1995) se plantea la pregunta: ¿qué es lo realmente educativo, el propio deporte o las condiciones en las que se realiza? La respuesta es las *condiciones* en que se realiza el aprendizaje deportivo, las cuales van a conducir a la auto-estructuración de la personalidad del deportista.

Estas condiciones sobre la práctica deportiva se valoran sus potencialidades cuando se analiza el deporte de base en todas las dimensiones humanas. Paredes y Carrillo (2004) hablan de un proyecto de vida donde la práctica deportiva resulta ser en una escuela para formar mejores seres humanos y la convivencia social. En cada dimensión nos ofrece los aspectos del deporte para la mejora personal y de las relaciones interpersonales.

Dimensión psicofísica: comprende las relaciones con uno mismo, con los demás y el adecuado *enfrentamiento con la realidad* que forma parte del deporte.

Dimensión lúdica: nos preparamos para *disfrutar de la vida* en conexión de nuestro mundo personal y el mundo que vivimos en la sociedad.

Dimensión "agon"-competitiva: comprende los beneficios educativos versus la competitividad. La competencia no puede anular bajo ninguna circunstancia el juego limpio. Las competencias nos dan la *oportunidad de juzgarnos*, verificar nuestras capacidades y ser tolerante frente a los demás ante los resultados del ganar o perder.

Dimensión socio-política: El deportista asume los valores, las normas y los comportamientos del grupo que se integra y por tanto supone una *relación social de convivencia* con la práctica deportiva y el disfrute del juego.

Dimensión educativa: El deporte puede facilitar u obstaculizar el correcto *aprendizaje de normas, valores y habilidades sociales*. El deporte debe entenderse como parte del desarrollo personal y social cuando logra potenciar los valores morales, éticos y sociales del joven deportista.

En resumen, mediante la práctica deportiva, el niño disfruta del juego, aprende pautas de comportamiento para vivir en una sociedad de una manera integral y enriquecedora de los valores humanos. Aprende a vivir en una sociedad democrática, plural, multiétnica y multicultural con los hábitos de convivencia necesarios para llevarse bien con las demás personas.

7.4   Motivación

La motivación es un proceso explicativo de la conducta, que se plantea el porqué de lo hace la gente. Es decir, lo que mueve a las personas a comportarse de una forma u otra. La motivación tiene dos componentes que se manifiestan en el comportamiento que son la intensidad de la conducta y la dirección de la misma.

La **intensidad** es lo activo o enérgico que sea la persona con relación al esfuerzo que está realizando para alcanzar una meta determinada.

La **dirección** es hacia dónde se dirigen las metas, en cuanto se aborda o evade una tarea. Esto incluye la selección de la práctica de una especialidad o modalidad deportiva o el abandono del equipo.

El papel del entrenador es de ser un motivador para ayudar al deportista a lograr su potencial máximo. No debemos suponer que los deportistas participan en el deporte por las mismas razones. Por lo tanto, resulta importante que podamos distinguir en los niños cuáles son las razones para la práctica deportiva, como su grado de intensidad y la dirección que eligen.

Es importante comprender las necesidades principales de los deportistas. La necesidad de estímulo, afiliación y utilidad son tres de las principales con la práctica deportiva.

a. **Jugar** por diversión satisface la necesidad de estímulo y emoción.

b. Estar con otras personas satisface la necesidad de **afiliarse** a otros, de pertenencia a un grupo.

c. Demostrar **aptitudes** para satisfacer la necesidad de sentirse útil y respetado.

Gráfico 1
Necesidades de los Niños Deportistas

Motivación Intrínseca o Extrínseca

Uno de los aspectos claves en el estudio de los factores motivacionales resulta ser la clasificación de la naturaleza de la motivación en intrínseca o extrínseca. Cuando se habla de la naturaleza de la motivación es localizar de dónde proviene y resultan de dos fuentes, una intrínseca (viene del interior de la persona) y otra extrínseca (viene del exterior de la persona).

Las personas intrínsecamente motivados poseen una fuerza interior que les impulsa a ser competentes y auto-determinarse para dominar la situación y tener éxito. Las metas que persiguen cuando las alcanzan con el desarrollo de habilidades y aptitudes se convierten en sus propias recompensas. En el deporte los atletas que practican una disciplina porque les apasiona, juegan por orgullo propio, se obligan a ser los mejores y dan el máximo esfuerzo porque están intrínsecamente motivados.

Por otra parte, cuando las personas están extrínsecamente motivados la fuerza proviene del exterior, sea porque otras personas las proporcionan con estímulos y recompensas para ser competentes en el dominio de la situación y tener éxito. Estos refuerzos pueden ser tangibles, como trofeos, dinero o intangibles como elogios y reconocimiento público.

En la práctica deportiva coexisten los refuerzos y estímulos de la motivación intrínseca y extrínseca. Sin embargo, lo que resulta importante es diferenciar cuál de los motivos le asigna cada deportista. En este sentido resulta conveniente unos planteamientos de Dosil (2008) sobre mantenerse en un deporte está relacionado con la orientación que se le da a la práctica deportiva y la motivación.

Cuando en el deporte su orientación es hacia la competencia está estrechamente vinculado con reforzadores vinculados con la motivación extrínseca del participante, lo que resulta ser importante para el mantenimiento o abandono del deporte. Sin embargo, es la motivación intrínseca que adquiere más fuerza para continuar en el deporte de competición en los momentos que el deportista adquiere dificultades. Por lo tanto, prevenir el abandono en el deporte, requiere que en el proceso de formación de los deportistas *debe centrarse en la motivación interna de los niños*, y no potenciar el premio y los resultados competitivos como únicos móviles para la práctica deportiva.

Tipos de Refuerzos

En general las formas de reforzamiento extrínseco tienden a perder su poder de refuerzo más rápidamente que el intrínseco. Cuando se adquieren los refuerzos extrínsecos menos necesidad tienen del mismo refuerzo en el futuro. Existe la necesidad de transformar la motivación extrínseca por la motivación intrínseca.

Los premios no deben ser excesivos o intentando manipular o controlar la conducta. Ni tampoco compensar a todos con premios por su participación. No tiene mucho efecto en la motivación intrínseca. Los premios son momentos agradables y experiencias positivas, pero que lo más importante es la diversión y la satisfacción de logro. La práctica deportiva con los niños es el disfrute del juego y aprendizaje de las destrezas.

Partimos del principio básico del comportamiento humano y de la motivación sobre los refuerzos: El premiar una conducta aumenta la probabilidad de que se repita y el castigar una conducta disminuye la posibilidad de que no se repita. Se clasifican en dos tipos de refuerzos: positivos y negativos.

Refuerzos Positivos: se valoran, son agradables e incrementan la conducta deseada.

> Ejemplo: premio o elogio.

Refuerzos Negativos: son desfavorables, desagradables y evitan las conductas indeseables.

> Ejemplo: castigo o amonestación.

Métodos Directos e Indirectos de la Motivación

Se puede elegir entre utilizar métodos directos o indirectos para motivar a los deportistas. Si decidimos a tener una conversación con el atleta y le solicitamos se esfuerce más en el entrenamiento es un método directo de motivación. Si usamos un método indirecto podría ser colocar a ese jugador con otro jugador motivado para recibir su influencia positiva para motivarse.

Métodos Directos

a. **Sumisión**: se basa en recompensas y castigos extrínsecos. Por ejemplo si ganamos el juego comemos pizza, si perdemos entrenamos toda la semana. Puede ser un medio efectivo para deportistas cuyos parámetros de comportamiento no estén bien desarrollados, pero un problema en exceso por depender de los refuerzos externos que un compromiso de los jugadores.

b. **Identificación**: la base de la motivación es la relación del entrenador y sus deportistas. Se les pide a los jugadores que hagan el esfuerzo por el equipo y el dirigente. Para utilizar este método los entrenadores tienen una relación positiva con los jugadores, de manera que se sientan obligados a satisfacer la petición. Sin embargo, los entrenadores que utilizan el castigo con frecuencia, los deportistas se sienten menos obligados en hacer lo que el entrenador les pide. Si en cambio obedecen al entrenador es por el temor al castigo.

c. **Interiorización**: la finalidad es motivar a los deportistas apelando a sus propias creencias y valores, sin administrar recompensas o castigos. Se les comunica a los jugadores que ha entrenado fuerte y confía en que lo hará lo mejor posible. Se siente orgulloso de su trabajo, sin importar el resultado.

Métodos Indirectos

El método indirecto altera o modifica la situación o el ambiente físico o psicológico para intensificar la motivación. Algunos entrenadores cambiaran el lugar de entrenamiento, eliminar o añadir la presencia de personas, que podrían incluir cambios de conducta como más positiva del propio entrenador y dar a los deportistas más control de la situación.

    a.   modificar el ambiente el lugar de entrenamiento

    b.   eliminar o añadir personas en el entrenamiento

    c.   dar más control a los deportistas

7.5   Gestión de Emociones

Las emociones no son buenas o malas, pero el entrenador debe aprender a gestionarlas para ayudar en los logros deportivos de los atletas. Las emociones pueden ser una puerta para la comunicación de los deportistas y posicionar al entrenador en el mismo terreno de juego. Esto significa la capacidad de comprender cómo se sienten y el desarrollo de una mayor empatía.

1.   Aprender a identificar las emociones   correctamente de los atletas.

2.   Gestionar las emociones, respetándolas, para poder ser más efectivo en la ayuda para superarlas.

3.   Promover nuevas emociones en los deportistas que los vinculen de una manera diferente con el entorno y su actividad. En particular con las emociones que resultan limitantes o bloqueadores del rendimiento.

Vergüenza

Es una emoción muy común cuando al niño se le sitúa ocupando el rol de líder del grupo o estelar. Se convierte en centro de atención y aumenta las expectativas sobre su desempeño o liderazgo en el equipo. Normalmente se trata de deportistas con una personalidad introvertida o con algún tipo de complejo. Esta emoción puede bloquear al niño y hacer que no practique deporte con su mayor potencial.

Alternativas:

· Diagnosticar y trabajar con el entorno del deportista (padres, familiares) sobre el efecto de ser centro de atención en la práctica deportiva.

· Aminorar la euforia o la reacción que ese entorno muestra a la actuación del deportista (reducir las expectativas); sin eliminar el refuerzo positivo o el reconocimiento del logro.

Miedo

Esta emoción puede producirse por múltiples causas: miedo a no hacerlo, miedo a las represalias, miedo a no conseguirlo, miedo al agotamiento, y tiene efectos limitantes según las causas y las personas. La evasión de la ejecución deportiva, es decir, no lanzo, no corro, no golpeo, etc. Se manifiesta con un intento retraído y desconfiado, sé lo que tengo que hacer, pero estoy nervioso y pienso que pasará cuando no lo consiga.

Alternativas:

· Debe, con el deportista, trabajar con la interpretación que hagan de sus errores.

· Deben trabajar también con aquellas personas responsables de evaluar el rendimiento.

· Hay que cambiar la mentalidad sobre los errores, ya que son parte de su proceso de aprendizaje y dentro de las posibilidades de la ejecución en la práctica deportiva.

Rabia

Es una de las emociones más condicionantes del comportamiento. Por la fuerza que se vive y la obcecación que supone, impidiendo escuchar y atender argumentos. Predomina una sensación de frustración sobre lo que está sucediendo. Es la emoción que provoca la desconcentración de los deportistas así como punto de referencia, el enfadarse con las actuaciones arbitrales, el adversario, los compañeros de equipo y el público. La técnica del coaching se consigue con la correcta gestión de la rabia, alejando su atención del centro de la emoción y encausarla de nuevo en lo que se pretende alcanzar.

Alternativas:

· Valorar cuales son los elementos deportivos que le van a ayudar a lograr sus objetivos deportivos.

- La concentración del esfuerzo y la capacidad de recuperación mental para volver a buscar otra oportunidad.

- Aprender a manejar los inconvenientes que aparezcan para que no sean un obstáculo en su aprendizaje.

Resulta conveniente identificar las emociones que limitan el desarrollo de los deportistas. Si hay la oportunidad, para el manejo de estos casos, solicitar la ayuda de un psicólogo deportivo sería de gran ayuda.

Síntesis

- La preparación psicológica es un componente necesario en el entrenamiento deportivo como los componentes técnicos, tácticos y físicos.

- Los deportistas que cuentan con una preparación psicológica y los demás componentes juegan con ventaja sobre los demás competidores.

- Los aspectos psicológicos de la práctica deportiva comprenden entre otros: la capacidad cognitiva, la personalidad, la motivación, las emociones y el manejo de la ansiedad.

- En la preparación psicológica de los niños debemos enfatizar en su desarrollo personal más que los resultados deportivos.

- En el desarrollo de la personalidad de los niños debemos mejorar su autoestima, responsabilidad, disciplina y la formación de características positivas como la perseverancia, deportividad, saber ganar y perder.

- Mediante la práctica deportiva, el niño disfruta del juego, demuestra habilidades y aprende pautas de comportamiento social.

- La orientación y motivación sobre el deporte está relacionada con el mantenimiento o abandono de los niños a la práctica deportiva.

- Debemos gestionar el modificar las emociones que resulten limitantes en el rendimiento de los niños como la vergüenza, el miedo y la rabia para su óptimo desarrollo.

Auto-evaluación

·   ¿Qué significa el concepto de jugar con ventaja en la preparación deportiva?

·   Discuta los cambios en la personalidad del deportista.

·   Explique la importancia de la práctica deportiva en el aprendizaje social.

·   ¿Cómo está relacionada la orientación y motivación del deporte con el mantenimiento o abandono de la práctica deportiva de los niños?

·   Menciona las alternativas para el manejo de las emociones perturbadoras y limitantes en el rendimiento deportivo de los niños.

Referencias

- Alaminos, María José, Bastida, Alfredo y Sancho, Eva (2013) Coaching Deportivo. Editorial Paidotribo, Barcelona, España.

- Cox, Richard (2009) Psicología del Deporte: Conceptos y Aplicaciones.

- Díaz Ocejo, Jaime (2009) Estrategias cognitivas en algunos deportes individuales y de adversario. Spicum, Universidad de Málaga.

- García Almán, Pablo (2012) Tema 4. Diseño de Programas de Entrenamiento Psicológico en el Deporte, en http://defidepro25.ugr.es

- Guillén García, Félix (2003) Psicopedagogía de la Actividad Física y el Deporte. Editorial Kinesis, Colombia.

- Hohmann, Andreas, Lames, Martin y Letzeier (2005) Introducción a la Ciencia del Entrenamiento. Editorial Paidotribo, Barcelona, España.

- Martínez Ros, Almudena, Moya-Faz, Francisco J. y García de los Fayos Ruiz, Enrique J (2013) "Inteligencia emocional y deporte: situación actual del estado de la investigación". Cuadernos de la Psicología del Deporte, vol.13,1, 105-112.

- Paredes, Jesús y Carillo, Rafael (2004) "El deporte base en el proyecto de vida: un discurso teórico". Revista Digital Buenos Aires, Año 10 no.58, en http://www.ef.deportes.com

- Weineck, Jürgen (1988) Entrenamiento óptimo. Editorial hispano europea, España.

- Consultas en www.wikipedia.org sobre teorías del desarrollo por Jean Piaget, Albert Bandura, Lawrence Kolhberg, Erick Erikson.

Made in the USA
Columbia, SC
02 July 2020